恋爱心理学

LIAN'AI XINLIXUE

胡乃岩 著

Love Love

浙江工商大学 出版社
ZHEJIANG GONGSHANG UNIVERSITY PRESS
·杭州·

图书在版编目(CIP)数据

恋爱心理学 / 胡乃岩著. — 杭州 ：浙江工商大学出版社，2024.8

ISBN 978-7-5178-5766-2

Ⅰ．①恋… Ⅱ．①胡… Ⅲ．①恋爱心理学－通俗读物 Ⅳ．①C913.1－49

中国国家版本馆CIP数据核字(2023)第201186号

恋爱心理学

LIAN'AI XINLIXUE

胡乃岩 著

策划编辑	金芳萍
责任编辑	金芳萍
责任校对	夏 佳
封面设计	朱嘉怡
责任印制	包建辉
出版发行	浙江工商大学出版社
	（杭州市教工路198号 邮政编码310012）
	（E-mail：zjgsupress@163.com）
	（网址：http://www.zjgsupress.com）
	电话：0571-88904980，88831806（传真）
排 版	杭州彩地电脑图文有限公司
印 刷	杭州高腾印务有限公司
开 本	710 mm×1000 mm 1/16
印 张	16.25
插 页	2
字 数	224千
版 印 次	2024年8月第1版 2024年8月第1次印刷
书 号	ISBN 978-7-5178-5766-2
定 价	68.00元

Jolin《跟随》

Jolin《自由的心灵》

席绒花《欢庆》

席绒花《甘甜》

前　言
Preface

　　大家好，我是你们的朋友奶盐老师！青年是国家的未来、民族的希望。青年兴则民族兴，青年强则国家强。中共中央、国务院印发的《中长期青年发展规划（2016—2025年）》特别强调了青年婚恋问题，提出："加强青年婚恋观、家庭观教育和引导。将婚恋教育纳入高校教育体系，强化青年对情感生活的尊重意识、诚信意识和责任意识，引导青年树立文明、健康、理性的婚恋观。"[①]2022年8月，教育部在答复全国人大代表提出的"关于在高等学校开设家庭家教家风必修课的建议"时表示，积极引导高校加强家庭家教家风教育课程建设，鼓励高校加强恋爱心理教育。

　　2007年，我考取了心理咨询师二级职业资格证，兼职做心理咨询。2015年，我来到浙江工商大学担任思想政治课老师，恰逢杭州市各区婚姻登记处聘请专家做婚姻辅导工作，我也成为受聘人之一。在做婚姻辅导工作时，我经常接触婚姻状况不佳的案例：有人上午来结婚，下午就来协议离婚；有的带着孩子在婚姻登记处大吵大闹，而孩子在一边无辜地哭泣……诸多现象让我对家庭家教家风的重大影响深有感触。

　　在学习习近平总书记治国理政思想时，我欣喜地发现，习近平

[①]《中长期青年发展规划（2016—2025年）》，人民出版社2017年版，第15页。

总书记非常重视家庭家教家风的影响力，并形成了系列重要论述，如"家庭是社会的基本细胞，是人生的第一所学校。不论时代发生多大变化，不论生活格局发生多大变化，我们都要重视家庭建设，注重家庭、注重家教、注重家风"[①]。"弘扬中华传统美德，加强家庭家教家风建设"也被写进了党的二十大报告。在此契机下，我不断地把习近平总书记关于注重家庭家教家风建设论述融入教学，关怀关注学生们的家庭问题、恋爱问题和婚育思想。

我一直在学校担任心理咨询辅导教师。在给学生们做心理辅导时，我发现，前来咨询的学生中，有很多都是因为恋爱产生心理问题。有的是分手后出现心理障碍，有的是因异地恋患得患失，有的是表白被拒绝后痛彻心扉，有的是因与恋人频繁吵架而痛苦不已……

在和学生们交流的过程中，我提出一个问题："你们是否需要一门和爱情有关的课？"学生们纷纷表示需要。我就问大家："要不我开一门通识课，叫'爱情心理学'，怎么样？"学生们说："'爱情'两个字感觉有一点沉重，不如叫'恋爱心理学'吧。"

"恋爱心理学"的课程名称，就这样确定下来了。

在这样的社会背景和个人背景下，我在学校开设了一门通识课"恋爱心理学"。这门通识选修课自从被推荐登上浙江工商大学的公众号后，就成为学生们热议的话题，也一度成了浙江工商大学校园新闻榜的头条。后来学校开放选课时，全校共有4000多名学生选课，这门人数上限为50人的课程，竟然有1650人报名，由于选课依靠摇号，能否选上全凭运气；第二次开课，有1730名学生参加选课报名，最后有60名学生获得上课资格；第三次开课，也有1670名学生来竞争60名的上课资格。

---

① 中共中央党史和文献研究院编：《习近平关于注重家庭家教家风建设论述摘编》，中央文献出版社2021年版，第3页。

这就是"恋爱心理学"课程的来龙去脉。这门课程来源于学生，也将回馈给更多的青年朋友。我们一起学习如何恋爱，一起品尝亲密关系的温暖，一起走向人生的圆满！

朋友们，你们觉得爱需要学习吗？难道爱不是天生的技能吗？

以爱情为主旋律的文学作品随处可见。恋爱是美好的，它可以使我们体验火热、勇敢、慷慨、坚定的情感。但丁说："爱情使人心的憧憬升华到至善之境。"古往今来，无数的传奇、无数的经典都在歌颂爱情，就像《小王子》里写的，狐狸说："对我来说，你只是一个小男孩，就像其他成千上万的小男孩。我不需要你。你也不需要我。对你，我只是一只狐狸，就像其他成千上万的狐狸。可是，如果你驯养了我，我们就彼此需要了。对我，你就是世界上独一无二的；对你，我也是世界上独一无二的……"当两个人产生深度的情感联结和独一无二的归属感时，这份爱将是多么深沉、多么笃定！

然而，灵魂伴侣何其难寻！马丁·布伯在《我与你》一书中写道，很多人的交往呈现的是"我-它"的状况。[①] "我-它"，是指带着明确目的的交往关系。在这种关系中，"我"没有把对方看作和自己一样的人，而是将其视为可利用的工具。而"我-你"，是指不带功利目的、以真我和他人交往的社会关系。在"我-你"的关系中，我们会和对方的灵魂相遇，彼此都会产生心心相印的感觉。张爱玲的一段话说出了"我-你"的这种关系："于千万人之中遇见你所要遇见的人，于千万年之中，时间的无涯的荒野里，没有早一步，也没有晚一步，刚巧赶上了，那也没有别的话可说，惟有轻轻地问一声：'噢，你也在这里吗？'"[②] 这样的景况何其美好，似乎让我们触到了爱的真谛。

但是相爱并不容易。婚姻咨询专家爱默生·艾格里奇指出，"即

①［德］马丁·布伯：《我与你》，徐胤译，天津人民出版社 2018 年版。
②张爱玲：《爱》，《流言》，花城出版社 1997 年版，第 83 页。

使是在热恋中走入婚姻的夫妻，后来也很可能会变得陌生如路人"，夫妻双方如果"无法掌握爱与尊重的语言"，就会陷入"疯狂怪圈"。[1]恋爱也是为婚姻积累经验。婚姻中，一个人如果处理不好亲密关系，则可能影响到双方的事业发展、身体健康，甚至导致家庭破裂。一个人如果不会爱自己，就很容易让生活走向低谷，甚至在泥淖中挣扎而不自知。可以说，爱不好就过不好！正如"毒舌王子"王尔德所说："爱自己是终身浪漫的开始。"

爱是需要学习的，心灵是需要成长的。我们不自觉地就会按照原生家庭的关系模式、影视剧中的恋爱模式、自媒体的恋爱意见去谈恋爱，但其中有很多内容是不成熟的，甚至会给恋爱中的彼此造成伤害。未经学习的爱，可能会很用力，也可能会让对方很受伤。我们的心灵是在爱中不断成长的，我们在爱中彼此成全，在爱中提亮生命的底色。

朋友们，爱是人格整体的展现，要发展爱的能力，就要努力发展自己的人格，并朝着有益的目标迈进，不断学习，不断提升，不言放弃，让生命奏起和谐的乐章。让我们一起加油！

---

① [美] 爱默生·艾格里奇：《男人需要尊重，女人需要爱 2：爱与尊重的语言》，夏乐译，北京联合出版公司 2018 年版，第 2 页。

目　录
Contents

Chapter One

第一章

恋爱心理学与中国传统家庭文化

从三个故事思考恋爱、婚姻、家庭的重要意义

《邯郸冬至夜思家》

〔唐〕白居易

邯郸驿里逢冬至，抱膝灯前影伴身。

想得家中夜深坐，还应说着远行人。

——《白居易诗集校注》中华书局 2006 年版

诗人白居易居住在邯郸驿馆的时候正好是冬至节，孤单的他只能抱膝坐在灯前，与自己的影子相伴。想来家中亲人今日会相聚到深夜，还应该会谈论着他这个离家在外的人。丝丝乡愁跃然纸上。这首诗就是中华家文化的深刻写照，无论是天涯游子还是衣锦还乡之人，最牵挂的都是家。

我从三个故事开始，谈谈关于注重婚恋与家庭的重要意义。

第一个故事，是我在未成年犯管教所（下文简称"未管所"）做讲座时发生的事。有一次我受邀为浙江未管所里的管教老师们做讲座，这是我第一次走进未管所，课后，我提出了一个小小的请求，就是让我参观一下未管所监舍，看一看这些十四周岁到十八周岁的孩子的生活状况如何。经过申请之后，管教老师带我经过重重的关卡进入了未管所监舍，让我真实地接触到了这些孩子。在我看来，他们跟普通的孩子没什么两样，只不过是头发短了一点，同时要积极参加劳动。而且在那里，民警亦是老师，未成年犯亦是学生，这是一个特殊

的学校。我很好奇，为什么在花季少年中，竟然有这么一批孩子出现了违法犯罪的情况呢？

在与管教老师交谈时，管教老师跟我讲，很多孩子都是家庭出了问题。他们当中，有的是父母长期争吵，甚至大打出手；有的是父母长期没有时间教养孩子；也有的是出自单亲家庭或者是留守儿童。在交流中，管教老师跟我说了这样一个情况，就是当孩子离开未管所时，会有父母来接他们，但是出现的状况却大相径庭。一般有这样三种情况：一种是父母与孩子相拥而泣，抱头痛哭，亲情在此时得到修复和弥合；第二种情况是父母怒其不争，狠狠地骂几句，甚至打孩子两下，但是一家人总还是可以走到一起，一家团聚；第三种情况最让人扼腕叹息，就是父母与孩子之间疏离冷漠、无法交流，甚至父母中只来了一个人，或者一个都没来，就算父母都来了，父母和孩子之间也没有任何情感交流，**双方就像两条平行线，互不理睬，没有爱抚也没有愤怒，情感完全隔离，家庭就像冷漠的冰窖**。管教老师说，第三种情况的孩子，重复犯罪率很高。

第二个故事，是我为同学们做心理咨询时发生的事。作为一名心理咨询师，我在学校帮助很多学生处理过各式各样的心理问题。学生出现抑郁情绪、心理压力过大、失恋，或者有学习和生活上的各种烦恼，都会来找我倾诉，我会给他们一一做心理辅导。在心理辅导过程中，我同样发现了家庭问题对心理健康的影响。每年新生入学时，学校都会组织心理筛查，促进大家树立心理健康的观念，注意心理卫生问题。在一次心理筛查中，我遇到一个让我印象非常深刻的男生，他是从小被妈妈打大的。在他的描述中，妈妈对他最直接的教养方式就是用各样的工具打他，手边有什么物件就用什么打，不听话了要打，淘气了要打，考试考不好要打，以致他后来一看见像棍子一样的东西就会神经紧张，生怕棍棒落在他头上。后来他的父母离婚，他跟母亲生活在一起，由母亲做抚养人。他流着泪对我说，有一次他在家不小心滑倒，感觉腿钻心地痛，躺在地上不能起来，他就大声呼叫母亲，母亲没有第一时间扶起他，问他伤得重不重，而是说："你不要动，我给你拍张照片发给你爸，让你的死鬼爸看看，又该给咱们增加抚养费了！"这位男生说，那一刻，他的心都碎了，感觉从来没有被爱过，他不过是父母手中的物件而已。

还有一个女生，她和姐姐经常遭到父亲的毒打。她一边讲述自己的遭遇一边流泪，我给她递纸巾时问她："你现在还小，等你以后工作了，你能原谅你的父亲吗？"她说："我永远不会原谅他！"还有一个女生，父亲早年出轨，母亲一直耿耿于怀，虽然这件事已经过去十几年，但是父母总会因为这件事不断地争吵。开始是母亲指责，父亲自责羞愧，后来是父亲酗酒、自暴自弃。父亲饮酒时，母亲就会说："你又在怀念上一段感情吗？"父亲颓废时，母亲就说："你是不是后悔跟我结婚了？"母亲不断地逼迫父亲，父亲不断逃避，最后母亲就每天给在异地求学的女儿打电话，向女儿控诉父亲的种种"罪名"，以至于女儿背不动这样沉重的情感包袱，也陷入抑郁状态。我在为学生做心理咨询和心理辅导的过程中，不断遇到这样的家庭家教问题。有人说，不幸的童年要用一生来疗愈。家庭系统排列（心理学流派之一）创始人海灵格提出，**幸福的家庭关系是这样的：夫妻俩亲密并肩站立，孩子站在父母的前面中间位置，形成稳定的等腰三角形关系。再好的物质生活，对孩子来说，都没有一对相亲相爱的父母重要。**个家庭里，如果父母经常吵架，孩子就会变得敏感、脆弱，毫无幸福感可言。相反，父母恩爱、相互尊重的家庭里，孩子从小耳濡目染学会了爱人的方法，就容易拥有正确的爱情观和婚姻观。

第三个故事，是我在婚姻登记处做婚姻辅导时的故事。婚姻登记处隶属于民政局，杭州市每个区都有婚姻登记处。一进婚姻登记处，

就会看到喜气洋洋、张灯结彩的场景，一对对新人面若桃花、红光满面。证婚员面对新人宣读结婚誓词时会念道："你们无论疾病还是健康，贫穷还是富有，美貌或衰老，顺利或艰难，都愿意终身相守、永不分离吗？"新人肯定会大声回答："我愿意！""我愿意！"

然而结婚登记和协议离婚是在同一个办事大厅分别办公的，民政局会召集一些专家为协议离婚的夫妻做心理辅导。我作为专家志愿者，做了两年婚姻调解工作，其间看到了很多婚姻家庭中的负面现象。

在协议离婚的现场，各种状况层出不穷。有的人在调解中大吵大闹甚至大打出手，孩子就在旁边默默流泪，结婚时所说的海誓山盟早已经消磨殆尽。当我问他们：无论你们有几套房、几个孩子、几辆车，你们都要离婚吗？他们的回答无比坚定，必须离！而在这当中，最让我痛心的就是被牵扯在离婚大战中的孩子，他们非常无助且痛苦，受到了极大的伤害和撕扯。有人说，教师和医生身上有一种特殊的能力，那就是爱的能力。作为一名思政课教师，我看到、听到这些家庭给孩子造成的伤痛时，非常心痛，并一直试图在理论上找到一个依据，一个可以支持我持续研究的理论动力。

后来，我终于在习近平总书记"关于注重家庭家教家风建设论述"中找到了答案。正如习近平总书记所说："**家庭是社会的细胞。家庭和睦则社会安定，家庭幸福则社会祥和，家庭文明则社会文明。**"[1]他在会见第一届全国文明家庭代表时再次强调："家风是社会风气的重要组成部分。家庭不只是人们身体的住处，更是人们心灵的归宿。家风好，就能家道兴盛、和顺美满；家风差，难免殃及子孙、贻害社

---

[1] 中共中央党史和文献研究院编：《习近平关于注重家庭家教家风建设论述摘编》，中央文献出版社 2021 年版，第 4 页。

会。"[1] "无论过去、现在还是将来，绝大多数人都生活在家庭之中。我们要重视家庭文明建设，努力使千千万万个家庭成为国家发展、民族进步、社会和谐的重要基点，成为人们梦想启航的地方。"[2] 父母是孩子的第一任老师，家庭是孩子的第一间课堂，教师是孩子的第一批园丁，我们都有责任和义务在学生青春懵懂时，带他们走好人生第一步，帮青年人"扣好人生第一粒扣子"，让他们在恋爱中学会健康相处，在婚姻中展现担当，这也是我研究恋爱心理学的理论起点。

---

[1] 中共中央党史和文献研究院编：《习近平关于注重家庭家教家风建设论述摘编》，中央文献出版社 2021 年版，第 24 页。
[2] 中共中央党史和文献研究院编：《习近平关于注重家庭家教家风建设论述摘编》，中央文献出版社 2021 年版，第 3 页。

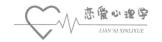

第二节

爱子心无尽，归家喜及辰——家庭家教问题

《江村》

[唐]杜甫

清江一曲抱村流，长夏江村事事幽。

自去自来梁上燕，相亲相近水中鸥。

老妻画纸为棋局，稚子敲针作钓钩。

但有故人供禄米，微躯此外更何求？

——《杜诗详注》中华书局 1979 年版

　　《江村》中，诗圣杜甫描绘了一幅家庭场景。这一年，杜甫在成都的草堂刚刚建成，诗人看着妻子用纸画棋盘，孩子敲针作鱼钩，心中十分宽慰恬淡。在这首诗中，我们能看到诗人对家庭温暖的珍惜。家人是什么？家人是和你共度困顿、共享安逸的人，上天为了不让人孤独，创造了家庭来让人互相取暖、彼此慰藉。

　　作家林语堂说过："一个人一生出发时所需要的，除了康健的身体和灵敏的感觉之外，只是一个快乐的孩童时期——充满家庭的爱情和美丽的自然环境便够了。在这条件之下生长起来，没有人是走错的。"[1]英文的 family（家），本义就是父亲、母亲彼此相爱。此时，作为读者的你可以在脑海中用三到五个词语描述一下你心中的父亲、母亲形象，比如关爱、友善、和蔼、慈祥、幽默、朴实、勤劳、严厉、

———

① 刘志学主编：《林语堂自传》，河北人民出版社 1991 年版，第 4 页。

死板、固执、冷漠、无情、忽视、不负责任等。这就是我们脑海中的家庭关系的基本轮廓。父母为我们创造出来的这个家庭，在心理学上叫原生家庭。我们平时会将自己和父母做一些比较，比如：你像爸爸一样热情，你像妈妈很温柔，你有遗传自爸爸的聪明的基因……这些潜移默化的影响会一直沉淀在我们的生活成长当中，进而会影响我们的恋爱和婚姻。

我们的恋爱、婚姻都会带着原生家庭的印记。在我辅导的案例中，一个女同学一直以自己父亲的标准对男朋友提出要求，希望男朋友像她爸爸一样拥有包容一切的能力，当发现男朋友根本没法跟极具包容度的父亲相比时，她感到非常失望。**我们会把原生家庭的诸多元素投射到自己的婚恋中，如果一直不能及时省察，就会走上父母婚姻中的一些老路**，比如：克制不住地争吵、总喜欢离家出走、频繁离婚等。

习近平总书记说："家庭是孩子的第一个课堂，父母是孩子的第一个老师。"[①]第二次全国家庭教育现状调查结果显示：大约50%的家长不知道用什么方法教育孩子；近一半的家庭在不同程度上存在父亲"缺位"子女教育的情况。[②]在大学里学习一门专业，至少要学习三到四年，甚至七到十年才能学有所成；同时，当老师要有教师资格证，当司机要有驾照；但是一场影响生命成长的恋爱却只凭感觉，一场影响终身的婚姻却源于情感冲动，而影响孩子一生的父母却没有"上岗执照"。在这三大领域中，大部分人都是没有经过任何学习就直接"上岗"的，这是非常可怕的事情。习近平总书记指出："有什么样的家教，

①中共中央党史和文献研究院编：《习近平关于注重家庭家教家风建设论述摘编》，中央文献出版社2021年版，第17页。
②《全国家庭教育现状调查：近半数父亲"缺位"子女教育》，《云南教育（视界综合版）》2015年第12期，第21页。

就有什么样的人。"① 古人说,"爱子,教之以义方","爱之不以道,适所以害之也"。**家长如果具有不健全的人格、不健康的心理和混乱的婚姻关系,就很难做好孩子的启蒙导师和示范。**有本书叫《别让孩子成为一只流泪的蜗牛》,其中提到:"别让孩子输在起跑线上"这句话,只适合短跑比赛,而人生是长跑,在长跑比赛中,赢到最后的人才笑得开心。揠苗助长不可取,不能天天把孩子与"隔壁家的孩子"相比,每一个孩子都是上天赐给我们的天使,都是独一无二的创造,家长要给孩子"讲好人生第一课",帮助孩子"扣好人生第一粒扣子"。

诚如国学大师梁漱溟所言,家文化乃中国文化的核心及伦理本位之所在。《全国家庭教育状况调查报告(2018)》显示:接受调查的全国 18 万余名学生中,25.1% 的四年级学生和 21.8% 的八年级学生报告"家长从不或几乎不花时间与我谈心",22.5% 的四年级学生和 21.2% 的八年级学生认为"家长从不或几乎不问我学校或班级发生的事情"。那孩子们是怎样看待家庭的呢?四年级、八年级的学生中,选择人生最重要的事情为"有温暖的家"的比率分别是 39.3%、49.4%,远高于选择"有钱"(1.2%、1.3%)、"有社会地位"(0.6%、0.9%)、"有权力"(0.6%、0.6%)的比率。② 孩子们很单纯,他们只需要来自父母的爱。如果父母一味追求给孩子创造好的经济环境和社会地位,而忽视孩子的身心,甚至出现爸爸完全不管孩子的"丧偶式育儿",那么后果将不堪设想。所以我在教育女儿的过程中,对她的学习成绩一般不会过度关注,而是注重让她养成好的学习习惯,但对于她处理跟同学的关系、树立自信心等心理健康方面,则非常重视,一旦发现心理问题、情感问题,必须要第一时间解决好。

---

① 中共中央党史和文献研究院编:《习近平关于注重家庭家教家风建设论述摘编》,中央文献出版社 2021 年版,第 18 页。
②《〈全国家庭教育状况调查报告(2018)〉权威发布》,2018 年 9 月 26 日,https://news.bnu.edu.cn/zx/ttgz/106922.htm,2024 年 5 月 30 日。

根据《中国国民心理健康发展报告（2019—2020）》，2020 年中国青少年的抑郁检出率为 24.6%，其中重度抑郁检出率为 7.4%。抑郁症已经成为中国青少年健康成长的巨大威胁。越来越多的抑郁症发生在初中阶段甚至是小学阶段，这种情况非常可怕。如果一个孩子在大学期间得了抑郁症，那他有可能是因为学习压力大、有人际交往问题或恋爱问题等，但是一个孩子在小学、初中阶段患上了抑郁症，那一定是跟父母的家庭教育有直接的关系。

近年来，父母教养的问题、家庭建设的问题不断得到重视。电视剧《小别离》《小舍得》《以家人之名》的主旨都是讨论家庭建设问题。电视剧《小舍得》中，妈妈田雨岚对其儿子子悠的爱有目共睹，但是子悠却丝毫感受不到。在一次演讲中，他崩溃控诉："妈妈爱的不是我，而是考满分的我……"这样的情节让父母非常揪心，**父母为了孩子做出巨大牺牲和努力，但是沉重的期待却让孩子们更加痛苦，让他们的心灵受到巨大创伤。** 唯有重视家庭建设、提升家教水平，才能让社会发展得更好，和谐社会的目标才有可能实现。

习近平总书记在谈家庭建设时，总是把家庭家教家风放在一起论述。**因为家风代表过往，关注点在于家庭美德的传承；家庭代表现在，侧重于家庭幸福，夫妻关系和谐；家教代表未来，代表下一代的成长和社会的未来。** 习近平总书记明确指出："中华民族历来重视家庭，正所谓'天下之本在国，国之本在家'，家和万事兴。国家富强，民族复兴，最终要体现在千千万万个家庭都幸福美满上，体现在亿万人民生活不断改善上。千家万户都好，国家才能好，民族才能好。"[①]无论时代如何变化，无论经济社会如何发展，对一个社会来说，家庭的生活依托都不可替代，家庭的社会功能都不可替代，家庭的文明作用都不可替代。

---

① 中共中央党史和文献研究院编：《习近平关于注重家庭家教家风建设论述摘编》，中央文献出版社 2021 年版，第 11 页。

第三节

积善之家必有余庆——中国传统家文化传承

《南池》

[唐] 李郢

小男供饵妇搓丝，溢榼香醪倒接䍦。

日出两竿鱼正食，一家欢笑在南池。

——《全唐诗》中华书局 1960 年版

诗中写道，小男孩准备鱼饵，妻子搓丝准备做钓鱼线，丈夫倒裹头巾，身旁满满一壶浊酒飘出浓浓的香气。太阳升起两竿高了，正是鱼儿觅食的时候，咬钩的鱼一条接着一条。这首诗描述了一家人其乐融融、欢欢喜喜在南池垂钓的田园生活景象。学习习近平总书记"关于注重家庭家教家风建设论述"，并将其应用于婚恋教育之中，首先要根植于优秀的中国传统家文化。《礼记·大学》指出，君子治学要修身、齐家，然后才能治国、平天下。梁漱溟先生曾做过专门分析，他认为在东西方社会结构中，家庭的社会地位和作用有很大不同。简单讲，西方社会往往以个体为中心，家庭地位和功能相对次要，而中国传统社会往往以家庭为中心，家庭是社会生活的基本单位或细胞。在中国家文化观念中，"家"在人生中具有"根"的意义。"家"就是我们生于斯、长于斯的地方，是可以永远依赖和寄托我们身心的居所。**对于大多数中国人来讲，人生道路上如果没有一个"家"，在精神上就会永远处于"居无定所"的心灵漂泊中。而中国传统的家文化当中，**

家风家训占据非常重要的地位，我把中国传统的家风家训归纳为如下几大类：

（一）培养家国情怀、浩然正气。

（二）培养立德规范，推己及人。

（三）注重严慈相济，德育为先。

（四）注重家庭和睦，善念善行。

这样的家庭家风传承至关重要，习近平总书记在会见第一届全国文明家庭代表时的讲话中引用了"积善之家，必有余庆；积不善之家，必有余殃"。民间还有一句话叫"传儿金银，不如教儿做人"，强调给孩子金银财宝这些物质财富，不如留下好的家风、门风这类精神财富重要。

浙江金华浦江的郑义门号称"江南第一家"，这个家族都姓郑，已经传承了900多年，全族在一起居住了330年，鼎盛时有3300多人同居。郑氏在几代人治家实践的基础上，整理制订出来一套典型的以德治家的"家族规范"。它集道德修养、行为规范、生产管理、生活学习等制度及奖惩措施于一体，几经修补，最后定稿时有168条。在历史上，郑家人曾有173人入仕，官位最高者官拜礼部尚书，但是从无一人贪腐，被明太祖朱元璋御赐"江南第一家"名号。朱元璋是历史上有名的推行严刑峻法的皇帝，动不动就对贪官动用酷刑，但他对"江南第一家"郑义门非常赞许，甚至允许郑氏家族的学子可以不用考试直接入仕。郑氏家规之严格和效果可见一斑。中共中央纪律检查委员会也曾经特意来浙江对郑义门进行考察学习，郑义门现已被列为浙江省廉政教育基地。

近代名人在家庭建设方面也不乏卓有成效者。鲁迅先生认为，觉醒的父母应该解放自己的孩子，"放他们到宽阔光明的地方去"，要他们"幸福地度日，合理地做人"。民国时期，有一位父亲让我非常敬重

仰慕，他就是梁启超先生。提到梁启超先生，大家一般会想起他写的《少年中国说》，但鲜有人知，在近代家书文化中，有人将"曾国藩家书""梁启超家书"和"傅雷家书"列为三大家书瑰宝。

梁启超育有9个孩子，其中有3位院士，其他6人也都出类拔萃，人称"一门三院士，九子皆才俊"。我在翻阅这本来自梁启超的家书集时，一下子就被吸引住了，梁启超先生是教育家、政治家，一生致力于维新变法、君主立宪，但他对9个子女的关怀细致入微，让很多"丧偶式育儿"的家长羞愧难当。梁启超希望子女们不要"读死书、死读书"，不求出人头地，只求顺其自然，发挥各自的优势。长子梁思成在国外留学时，梁启超在给他的信中写道："我怕你因所学太专门之故，把生活也弄成近于单调，太单调的生活，容易厌倦，厌倦即为苦恼，乃至堕落之根源。"他经常给孩子们做心理辅导，打气鼓劲，他在致孩子们的信中道："我以为，一个人什么病都可医，唯有'悲观病'最不可医，悲观是腐蚀人心的最大毒菌。"

梁启超十分注重子女的个性教育，特别尊重孩子们的学习兴趣，尊重子女依据他们的性情选择专业。对于儿女们的个人选择，他只给建议，从不强求。当初梁启超认为全家人没有一个学自然科学，觉得有点遗憾，就建议在加拿大留学的女儿梁思庄学生物遗传学。但是梁思庄对生物学始终不感兴趣，也不爱学。梁启超得知后，尊重孩子的选择，他在给梁思庄的信中说："听见你二哥说你不大喜欢学生物学，既已如此，为什么不早同我说。**凡学问最好是因自己性之所近，往往事半功倍**，你离开我狠久，你的思想近来发展方向我不知道，我所推荐的学科未必合你的式，你应该自己体察做主，用姊姊哥哥当顾问，不必泥定爹爹的话。"梁启超最终同意女儿学了图书馆学，梁思庄后来成为著名的图书馆学家。

在对孩子们的情感表达上，梁启超放下中国传统大家长的架子，敢于对孩子直接说爱，而且对孩子们非常亲切，他叫最小的儿子"老白鼻"，就是老 baby 的意思。他在信中如此热情表白：**"你们须知你爹爹是最富于情感的人，对于你们的爱情，十二分热烈……"** 这跟现在的父母认为"爱的表达要含蓄"也形成了对比。

对于孩子们的婚姻，梁启超也颇有见地，他会帮孩子出主意，选合适的对象。他在给长女梁思顺的信中写道：**"我对于你们的婚姻，得意得了不得，我觉得我的方法好极了，由我留心观察看定一个人，给你们介绍，最后的决定在你们自己，我想这真是理想的婚姻制度。"** 不仅如此，这位贴心父亲还出资赞助孩子度蜜月，甚至还为他们规划了欧洲游蜜月路线！这位父亲的家庭传统中有"浓烈的爱"，也有"不带焦虑的关注"，有"天高任鸟飞"的心胸，也有"温良恭俭让"的文化沉淀。梁启超家书是中华优秀传统家文化的典范之作，非常值得大家学习研读。[1]

大家一定要重视中国的传统家庭文化，正如习近平总书记所说："尊老爱幼、妻贤夫安，母慈子孝、兄友弟恭，耕读传家、勤俭持家，知书达礼、遵纪守法，家和万事兴等中华民族传统家庭美德，铭记在中国人的心灵中，融入中国人的血脉中，是支撑中华民族生生不息、薪火相传的重要精神力量，是家庭文明建设的宝贵精神财富。"[2] 中国传统的家庭文化是一切婚恋关系的底蕴和根基，幸福的恋爱离不开中国传统家文化的滋养，家庭幸福的信念是恋爱顺利起航的重要支撑！

---

[1] 穆卓编：《宝贝，你们好吗？：梁启超爱的教育·给孩子们的 400 余封家书》，山西人民出版社 2012 年版。
[2] 中共中央党史和文献研究院编：《习近平关于注重家庭家教家风建设论述摘编》，中央文献出版社 2021 年版，第 10 页。

推荐阅读

1. 穆卓编：《宝贝，你们好吗？：梁启超爱的教育·给孩子们的400余封家书》，山西人民出版社2012年版。

推荐理由：这本书展示了一位满怀爱意的父亲给孩子们的家书。这位父亲亲切又温暖，宽厚又笃定，对孩子扶持兼管教，并热切地陪伴。梁启超是作为父亲的榜样，他给孩子们的家书也是对中国传统家庭中父爱的最佳诠释。每一个时代都需要这样榜样式的好父亲、好母亲。

2. 杨绛：《我们仨》，生活·读书·新知三联书店2003年版。

推荐理由：这本书是杨绛女士的散文随笔。三口人就这样美好地生活着，平淡的日子可以相守相助，患难的日子可以荣辱与共，喜乐的日子可以全家分享，这就是家庭——我们背后的力量，柔软而坚定！

3. 周国平：《妞妞：一个父亲的札记》，长江文艺出版社2006年版。

推荐理由：周国平先生影响了一代年轻人。在这本书里，他以父亲的口吻写道："你不是一个插曲，你永远改变了我的生命的旋律。"家庭生活可能其乐融融，也可能艰难多舛；相聚可能是暂时的，却也可以在心中永恒。家庭永远是我们背后的强大支撑和不竭动力。

Chapter Two

第二章

恋爱的心理学理论

为什么要学习恋爱心理学——远离"恋爱脑"①

《玉楼春·樽前拟把归期说》

[宋]欧阳修

樽前拟把归期说，未语春容先惨咽。人生自是有情痴，此恨不关风与月。　　离歌且莫翻新阕。一曲能教肠寸结。直须看尽洛城花，始共春风容易别。

——《欧阳修词校笺》中华书局 2019 年版

欧阳修的这首词中写道"人生自是有情痴"，然而情到痴时往往也是恋爱悲剧的开始。这一节，我们聊聊为什么要学习恋爱心理学，如何才能不陷入"恋爱脑"的困境。心理学家、哲学家艾·弗洛姆提出：**"要认识爱情是一门艺术，人们要学会爱情，就得像学其他的艺术——如音乐、绘画、木工或者医疗艺术和技术一样的行动。"**②在恋爱中，那些情感的冲动、美丽的邂逅、悸动的浪漫固然美好，但是吵架时的撕心裂肺、分手后的摧心剖肝、背叛后的黯然神伤同样让人痛彻心扉。有人说，分手的痛苦不亚于失去亲人的痛苦。相爱容易相处难，通过

① "恋爱脑"，网络流行语，指一种爱情至上的思维模式，那些一恋爱就把全部精力和心思放在爱情和恋人身上的人，人们就可以形容他有一个"恋爱脑"。
② [美]艾·弗洛姆：《爱的艺术》，李健鸣译，上海译文出版社 2008 年版，第4—5 页。

多次的辅导和教学，我深深地体会到，**没有学习装备的恋爱，就像是探险时走进了黑暗的山洞，起初感觉都是新鲜美好，后面却是步履维艰**。唯有不断地学习提升亲密关系的技巧，完善个人的人格，才有可能建立一段健康、滋润的关系。

我曾遇到一个案例：

志鹏[①]和嫣然是高中同学，两个人从高中开始恋爱，感情基础很扎实，恋爱一直持续到二人大学毕业参加工作。但是工作后，嫣然发生了变化，她觉得志鹏不像上学时那么优秀了，她也见识了更多外面的世界，于是跟同事有一些暧昧的聊天。后来志鹏无意中发现了这些谈情说爱的短信，两个人大吵了一场，志鹏以跳楼自杀威胁嫣然，后来嫣然道歉，并保证不再和同事联系。

两个人因为恋情持续时间太长，已经习惯了彼此在一起的感觉，所以并没有解决好分歧，吵架后没多久又恢复了恋爱关系。后来志鹏支持嫣然出国留学，两个人天各一方，嫣然在国外有了新的生活，跟志鹏的关系变得若即若离。而志鹏却深深地陷在这段关系中难以自拔，为了麻痹自己，他迷恋起网络游戏，每天沉迷在虚拟世界里，无心工作。直到有一次嫣然回国，志鹏撞见嫣然和陌生人开房，两人发生激烈争吵，志鹏用刀戳破了自己的手指，差点割断手指筋导致手指废掉。最后嫣然回到国外，两人正式分手。

在这个案例当中，志鹏和嫣然的爱情故事曾经灿烂而美好，但最后两败俱伤，并没有胜利者。志鹏的问题在于他在原生家庭中被父母保护过多，性格比较软弱，没有很强的上进心，不能给嫣然强有力的

---

① 本书中，所有辅导案例中出现的人名均为化名。

保护，同时采取了比较极端的情感勒索的方式来维持关系，即动不动用自伤、跳楼、撞车这样的方式来造成嫣然的恐惧心理，以此来维持这段关系。而嫣然的性格比较活泼开朗，在人际交往中经常界限不清晰，在男女关系方面会有不清不楚的感觉，但又贪恋志鹏给她的温暖关爱，就算感觉两个人不太适合也不愿意分手，试图既维持与志鹏的关系，又寻找不一样的刺激。结果是两个人耗费了十年时光，耗费了青春，也耗费了前程，非常得不偿失。

在实际的恋爱咨询当中，我发现并不是空有一腔热情就能维持好一段恋情，经常是两个人爱得很用力，结果却是两个人都很痛苦，那种痛苦的程度远远超过人生中经历的其他痛苦，属于深度的心灵创伤。因为**恋爱中产生的依恋关系是人生中最深刻的关系**，往往是爱得越深伤痛越大，一次深度失恋无异于离婚。做了 16 年的心理咨询师和 7 年的大学教师，同时又是两个孩子的父亲的我，一直深爱着学生们，大家也很信任我，愿意向我敞开心扉，我无法忍受目睹孩子们在恋爱中的彼此折磨和痛不欲生。一段优质的恋爱，应该能够使彼此获得成长。一段优质的恋爱可能是婚姻的前奏曲，是幸福的摇篮曲，是生活的交响乐，美妙动听而又和谐悦耳。有一句话形容理想的爱情："很奇怪，两个人待着竟然比一个人待着还要舒服。"

但爱不是什么？不是以恋爱之名，行毁灭之实。这不是爱，这是控制，是占有，是摧残，是发泄。所有这些，只是在以爱之名，将自己受过的伤害和种种不堪迁怒于最靠近自己的无辜者而已。

2019 年 12 月 12 日，《南方周末》发表了一篇题为《"不寒而栗"的爱情：北大自杀女生的聊天记录》的报道。北大法学院大三女生包丽（化名）服药自杀。她的妈妈回忆，包丽的男朋友牟林翰嫌弃包丽有过恋爱经历，不是处女，但又不想分手，就不断地折磨包丽。包丽自杀后，她妈妈在她的手机中看到她和男友的聊天记录，发现牟林翰

为了让包丽保证不"劈腿"，要求她拍裸照、先怀孕再流产留下病历单、做绝育手术等。[①]一些媒体评价这场恋爱是有毒的，牟林翰"PUA"[②]了包丽，对包丽进行了精神控制，整个过程就像当年流行的"蓝鲸游戏"[③]一样，最后导致包丽走向自杀。

爱情几乎都是始于甜蜜与幸福，如果两人后来分开，也许是因为积累了无数次糟糕的情绪，最后在苦涩中终止爱情。在知乎网站上，一位女大学生分享了自己在恋爱中被 PUA 的痛苦经历：

我们在同学聚会上认识，当时他主动撩拨我，后来我们在一起了。两个月后，他提出和我分开一段时间，他想自己待着。再后来，我主动联系他，就变成我很不懂事。这时，我们的关系开始发生了微妙的变化，我从主动的一方变成被动的一方。这便是陷阱的第一步。

在之后的交往过程中，他会无意说"你是我历任里最丑最矮的""跟我在一起你应该感到荣幸啊"，潜移默化地打击我的自信。而与此同时，他需要两人分开的要求开始频繁出现，借口是实验太忙了，只有跟我分开几天后他才能好好对我。

后来我们发生越来越多的争吵，"冷暴力"转化为语言暴力，伴随着摔东西。"你怎么不去死""我送你上图书馆楼顶跳下去吧，你活着没有价值""跟你亲密不如跟狗"等，这样反反复复，他骂得越来越狠，最后演变成了行为暴力。而其他跟他相处过的女生都同样有被他

---

① 柴会群、马晨晨、朱妙杉：《"不寒而栗"的爱情——北大自杀女生的聊天记录》，2019 年 12 月 12 日，https://www.infzm.com/contents/172172，2024 年 5 月 30 日。
② "PUA"，全称"Pick-up Artist"，是指一方通过精神打压等方式，对另一方进行情感控制。有观点认为，PUA 的核心是通过刻意扭曲事实，采用持续打击、否认、误导和欺骗等方式，使被操纵者怀疑自己的价值，从而不得不对操纵者百依百顺。
③ "蓝鲸游戏"，一款俄罗斯死亡游戏，游戏的参与者在 10—14 岁，完全顺从游戏组织者的摆布与威胁。这个游戏导致多名俄罗斯青少年自杀。

PUA 的遭遇。

笔者通过对大学生婚恋观的调研[1]，发现目前大学生的婚恋观有以下几方面特征：

（一）对婚姻期望高，但认为婚姻不再是人生必需品。

无论现在是否恋爱，大学生对自己未来的婚姻大都持着乐观积极的态度。同时，大学生也强调婚姻的严肃性，认为婚姻与情感不可以随意玩弄。大学生觉得婚姻是神圣而美好的，但部分男女在婚姻中的苦苦挣扎纠缠，导致他们对进入婚姻存在戒心。婚姻对大学生而言并不是人生的必需品，大多数大学生抱着随缘的心态来应对爱情。极少数大学生认为爱情没有意义，没必要用爱情和婚姻束缚自己。

（二）亲密关系中强调自我需求的满足，重视双方有效沟通和理解。

对于未来的婚姻，更多的大学生希望双方能够平等付出、相互理解，也更强调自我需求的满足，无论是物质方面还是精神方面，他们都有自己的诉求。假如婚姻不能满足他们对自己未来生活的需求和憧憬，那他们会极力抵制婚姻。

大学生大多认为沟通的障碍会明显干扰感情的交流。与其冲突不断，还不如和和气气地坐下来解决问题。他们要求对方能尊重自己、有双方平等的观念。

（三）认为爱情必须有现实的物质基础作为支撑。

大学生在观念上接受"婚姻以爱情为基础"的观点，但在实际生

---

[1] 本项内容来自笔者指导的 2023 年浙江工商大学社会实践报告《当代年轻人婚恋观调查研究》，作者为严泽华、毛翔、林志轩、姚成杰、陈柯男。

活中日趋物质化、功利化也是不争的事实。他们认为，如果现实生活中没有物质基础作为支撑，两个人的感情是不可靠、不长久而注定破碎的。缺钱会直接导致大多数男生产生自卑心理，选择放弃与异性发展亲密关系。

传统观念里，男性被期望具有稳定的工作和足够的经济能力来承担家庭的支出；女性则通常被看作家庭的情感中枢，被期望做好家务、相夫教子，而经济收入和工作成了附加项，女性只要有一份正当的职业即可。这个看法受到大学生的强烈抵制，他们认为这是旧社会糟粕的表现。

（四）婚姻内男女的角色分工更加灵活多元化。

在现代社会，男女平等的观念在大学生群体中已经深入人心。大学生认为两性关系的形式会更加多元化，不再像以往那样单一，而是更加灵活，两人的婚姻角色、分工是由两人的个性所影响、决定的。大学生多认为婚姻中的角色、分工不是一成不变的，只要适合家庭发展，双方都会选择理解和接受。

（五）接纳婚前性行为，但谴责不负责任的性行为。

婚前性行为不再为大学生所诟病，大学生对两性婚前发生性行为持接纳和理解的态度，认为性行为是个人自由，在婚前还是婚后发生性行为由个人意愿决定，没有对错。恋人间的性行为被认为是对这段关系的肯定。但大学生同时强调，不负责任的性行为不仅是对自己的不负责任，更是对社会道德的亵渎，会直接影响恋情的发展。

电影《两小无猜》里有这样一句话："好的爱情是你通过一个人看到整个世界，坏的爱情是你为了一个人舍弃世界。"**健康的爱，应该让双方都能进步、变得更好，而不是像恶魔一般，让人变得愈来愈狭**

隘，爱得死去活来，一步步地把恋爱中的人扭曲、吞噬。如果在遇到这份感情之前，你的世界是丰富的，眼界是广阔的，心灵是多彩的，而在遇到这份感情以后，你发现整个世界愈来愈小，小得快要容不下自己，让你产生飞蛾扑火的念头，不时要燃烧自己、牺牲自己来维持这份感情，那么，这份感情就是坏的爱情，它只会阻碍你的成长，让你在将来除了得到伤害，再也得不到什么可以留恋的东西。

朋友们，爱是人格整体的展现，要发展爱的能力，首先要**努力发展自己的人格**，要先保证自己的人格是饱满的，可以做到自觉自圆满。其次要**学会如何去爱**，当你学会爱自己、接纳自己之后，才能达到艾·弗洛姆所说的："爱情是一种积极的，而不是消极的情绪，是人内心生长的东西，而不是被俘虏的情绪。一般来说可以用另一个说法来表达，即爱情首先是给而不是得。"[1]最后，提醒大家：把生命"浪费"在美好的事物上。学习如何恋爱就要从当下开始。

---

① [美]艾·弗洛姆：《爱的艺术》，李健鸣译，上海译文出版社 2008 年版，第 20 页。

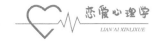

第二节

为什么恋爱这么累——爱情的三重境界

《一剪梅·雨打梨花深闭门》

[明]唐寅

雨打梨花深闭门。孤负青春,虚负青春。赏心乐事共谁论?花下销魂,月下销魂。　愁聚眉峰尽日颦,千点啼痕,万点啼痕。晓看天色暮看云,行也思君,坐也思君。

——《唐伯虎集笺注》中华书局 2020 年版

这首词中所表现的痴恋女子的幽婉心态很动人,"行也思君,坐也思君",把恋爱中的缠绵悱恻描绘得入木三分。

恋爱也有理论吗,也有规律可言吗?当然!在如何示爱,如何海誓山盟、你侬我侬这些方面,没有一定之规,但恋爱作为一种心理学现象,是有规律可循的。而且"家庭与婚姻治疗"已经作为一门专业学科在国内外有了多年的研究和发展,已成为一门新兴学科。

在多元文化思潮的影响下,大学生恋爱动机呈现多样性。吴继红等人的研究结果显示,被对方的优点吸引而产生恋爱动机的大学生占 52.65%,因从众心理而恋爱的大学生占 3.3%,因弥补内心空虚、寻找精神寄托而恋爱的大学生占 18.5%。[①]

大家可以先闭上眼睛思考一下:爱是什么?想想爱的关键词,比

[①] 吴继红、卢莉丽:《洛阳地区大学生恋爱观调查研究》,《北京航空航天大学学报(社会科学版)》2008 年第 3 期,第 74—76 页。

如：爱是一个大大的拥抱、一次温暖的交流，爱是给予、是需要，或者是关怀……艾·弗洛姆说："爱情只能产生于这样两个人中间，这两个人都从他们生存的圈子里跳出来并互相结合，同时他们每个人都又能脱离自我中心去体验自己。只有这种'中心体验'才是人的现实，才是生活，才是爱情的基础。这样体验到的爱情是不断地挑战，这种爱情不是避风港，而是一种共同的努力、成长和劳动。"[①]你是怎样看待爱情的？你会关心对方的心情，关心对方的健康吗？还是认为"爱必须以自我为核心"呢？

　　爱情到底是什么呢？相信每个人的答案都不一样，有人说，坠入爱河是一种美妙的、深刻的经验，这种高昂的状态使我们更慷慨、勇敢，也打开了我们的视野，使我们看到所爱之人的美好，而且能欣赏他身上一切的美。所以有人说，恋爱之后自己一下子变勇敢了，过去不敢做的现在都敢做了！我曾看见有男生在大街上背着女生，女生明明是健康的，却要装着不舒服，这样的场景让我忍不住笑出来。恋爱使人变得勇敢、坚定、情绪高涨，整天都有用不完的劲，甚至可以让男生化身骑士、不畏生死地为自己的女神去决斗。"情人眼里出西施"，此时你看到的对方是最美的，从头到脚指头都散发着吸引人的魅力，你看到的这个世界是五彩缤纷的，到处都是鸟语花香、莺歌燕舞。《纳尼亚传奇》的作者 C．S．路易斯在《四种爱》一书中写道："处于情爱中时，我们宁愿跟爱人共患难，也不愿在别的条件下独享幸福……哪怕这桩婚姻带不来别的生活，除了照顾一位无法治愈的残疾人，除了穷困潦倒，除了颠沛流离，除了忍辱负重——情爱也会毫不犹豫，说：'这也强过分离。宁愿有她而受苦，也不愿无她而幸福。要心碎，一起心碎。'要是我们的心声不是这样，那就不是情爱发出的声音

---

① ［美］艾·弗洛姆：《爱的艺术》，李健鸣译，上海译文出版社 2008 年版，第95 页。

了。"[1] 他认为如果没有这种心声，心中便没有爱情。

爱是一种感觉吗？有一首歌叫《莫名我就喜欢你》，歌词是这样的："莫名我就喜欢你／深深地爱上你／没有理由没有原因／莫名我就喜欢你／深深地爱上你／从见到你的那一天起。"这首歌描述了一见钟情的感觉，但是爱真的是一种感觉吗？有人会说："我也不知道为啥，就是对他有感觉，看见他就上头[2]。"**这很可能是一种投射，往往源于自己内心中对爱人形象的勾勒，而某个人恰好符合了这个要求。**曾经有个洗发水广告，其中有一句经典台词："我的梦中情人，一定要有一头乌黑亮丽的长发！"一个男孩子看到一个女孩子长发飘飘、一袭长裙、睫毛弯弯，可能立马就对她有了感觉，但是这种感觉是不稳定、不真实的，不过是你内心中投射出来的影子，你爱的不是真人，而是幻影，这种肥皂泡式的爱情早晚会被戳破。

有的人爱的是童话里的爱情故事，比如白马王子与白雪公主的故事，一见倾心，一吻定终身。但是你们见过童话里的故事结局吗？童话都是写到王子与公主幸福地生活在一起就戛然而止。我想，如果故事可以续写，恐怕大家也都不爱读下去了：难免要说到中年王子摸着发胖的肚皮，嚼着保温杯里的枸杞，感叹生活没有诗和远方，回家往床上一躺，刷起了手机；中年公主操持两个孩子，忙得三头六臂不够用、七荤八素不爱吃，感慨盛世美颜容易凋谢。脱口秀的吐槽都是真实的。

你自以为找到了合适的人，可过几天或许就觉得不合适了：帅气、有爱心、温文尔雅的男子，对别的女孩也特别有爱心；看似安全

---

① ［英］C．S．路易斯：《四种爱（注疏本）》，邓军海译注，华东师范大学出版社2018年版，第190页。

② "上头"原指喝酒后引起头晕、头疼，在网络用语中表示头晕、一时冲动，失去了理智。

感十足的"经济适用男",结果是个"窝里横"。**当你被自己的感觉打动时,你只是感动了你自己,满足了你自己的要求,其实与对方无关,那种感觉不过是你的美好期望而已。**当你发现对方在某一点上并没有完全满足你的期望时,你会大声跳起说:"你骗我,你原来不是这样的,你变了!"但是朋友们,他真的变了吗?其实对方根本没有变,只是你自己选择了雾里看花、水中望月的感觉,是感觉蒙蔽了你的心,不能完全责怪别人。

套用人生的三重境界,爱情也同样有三重境界,这才是爱情的真相。第一重境界:看山是山,看水是水。我们对爱情充满新鲜感,或许懵懵懂懂,看不清楚,也理解不了,但固执地相信自己看到的就是真实,结果在爱情之中处处碰壁,进而对爱情产生怀疑。这时候就开始进入第二重境界。

第二重境界:看山不是山,看水不是水。假作真时真亦假,无为有处有还无。看到山,不再认为是山,看到水,也不再认为是水。经历了恋爱失败之后,我们才发现爱情是如此苦涩,哪有深情真爱,不过是虚情假意,哪有你侬我侬,不过都是痛苦挣扎。这时,有的人彻底迷失了,有的人则开始用心去观察爱情的真相,用理性和思考来分析,再经过时间的沉淀,就能进入爱情的第三重境界了。

第三重境界:看山还是山,看水还是水。这是对爱情深入洞察之后的返璞归真,认识到"爱情如梦一场,人生几度秋凉",知道自己想要的是什么,需要放弃的又是什么。这时,看山就还是山,看水就还是水,只是这山这水,看在眼里,就有了另一种内涵。这时,我们敢爱敢恨却又真实自然,对爱情有了真实的了解和洞见。

一段恋情,必须经历这样的三种境界才能修成正果,走向坦途。

爱情到底是什么——关于恋爱的种种理论

《鹊桥仙·纤云弄巧》

[宋]秦观

纤云弄巧，飞星传恨，银汉迢迢暗度。金风玉露一相逢，便胜却人间无数。　　柔情似水，佳期如梦，忍顾鹊桥归路。两情若是久长时，又岂在朝朝暮暮。

——《淮海居士长短句》中华书局 1957 年版

词人秦观这首词揭示了他所理解的爱情真谛：爱情要经得起长久分离的考验，只要彼此真诚相爱，即使终年天各一方，也能胜过人间无数爱情。这首词也成为爱情颂歌中的千古绝唱。法国著名作家雨果曾说过："人生有两次出生：头一次是在开始生活的那一天；第二次则是在萌发爱情的那一天。"

这一节，我们来聊聊关于爱情的各种理论。

一、C.S. 路易斯的四种爱理论

C.S. 路易斯在《四种爱》中，把爱分为了亲爱、友爱、情爱、仁爱四个层次。最高层次的爱是神圣的大爱，是带有牺牲精神的奉献，第二层次的才是情爱。C.S. 路易斯同时说明，有两种基本的爱：一是需求之爱，一是给予之爱。**需求之爱和给予之爱必须互补，只有两者**

平衡地发展，才能促进美好的人生，两种爱都不能走向极端。C. S. 路易斯以菲吉特太太作为"给予之爱"的典型例子：菲吉特太太对家人的照顾超出了家人的所需，她的给予之爱太泛滥。菲吉特太太生前最喜欢说的话就是："我是为我家人而活。"她一生繁忙，都在不停为家里的儿子和女儿服务，她不停地缝制衣服，让孩子们必须穿上。一旦别人拒绝她，她就会觉得不安和难受，因为她无法忍受不能给予别人爱。她渴望被需要，但是这种爱一旦泛滥，对别人来说就是一种负担，会带给别人无尽的烦恼。她去世之后，全家人都变得轻松了。[①]

二、鲁宾的爱情态度理论

爱情心理学家鲁宾认为，爱情是各种人际关系中最深层次的情感维系，不仅包含审美、激情等心理因素，而且还包括生理激起与共同生活的愿望等复杂的因素。他制作的"鲁宾爱情量表"主要用来区分爱和喜欢，他认为爱情具有以下三个主要特性：

第一，**高度依恋性**，指双方互相亲近，形影不离，难分难舍。这种依恋感在童话《小王子》中有深动展现。狐狸跟小王子说："你下午四点钟来，那么从三点钟开始，我就会感到开心。时间越挨近，我就会越开心。到了四点钟，我就坐不住了，我就会担心。我发现这就是幸福的代价！"

第二，**高度关注性**，指双方互相牵挂，互相帮助。如李清照词中的"此情无计可消除，才下眉头，却上心头"，体现的就是放不下亲密关系，"剪不断、理还乱"的状态。

第三，**高度亲密感**，即独占性或排他性，指双方互相独占对方的

---

① ［英］C . S . 路易斯：《四种爱（注疏本）》，邓军海译注，华东师范大学出版社2018 年版，第 93—95 页。

爱情，不准他人介入。在童话《小王子》中，狐狸对小王子说："对我，你就是世界上独一无二的；对你，我也是世界上独一无二的……"曹雪芹在《红楼梦》中描述宝玉和黛玉前世今生的因缘时，在《终身误》中写道："都道是金玉良缘，俺只念木石前盟。"纵然时光交错、岁月蹉跎，唯独守候一份真挚、一抹相思。

三、李约翰的爱情风格理论

加拿大社会学家李约翰（John Lee）认为爱情的三原色是"激情""游戏"和"友谊"，这三种颜色的再组合便构成爱情的次级形式：占有型爱情包含激情和游戏的成分；利他型爱情包含激情和友谊的成分；实用型爱情包含游戏和友谊的成分。于是他总结出爱情的六种类型：（1）Eros，即"激情型"，这种爱情风格是指一个人所追求的爱人在外表上酷似自己心目中业已存在的偶像；（2）Ludus，即"游戏型"，是逢场作戏、玩世不恭的花花公子式的爱情；（3）Storge，即"友谊型"，是一种缓慢发展起来的情感与伴侣关系；（4）Mania，即"占有型"，指那种以占有、忌妒、强烈情绪化为特征的爱情；（5）Agape，即"利他型"，或称为"无私的爱"，在这种爱情中，爱被视为他（她）的义务，并且是不图回报的；（6）Pragma，即"实用型"，是一种务实的或功利的风格，譬如把对方的出身及其他客观情况都考虑在内。对一个特定的人，他（她）不一定在其所有的爱情关系之中都表现出同一种风格。也就是说，不同的关系会唤起不同风格的爱。即使在同一关系中，人们也有可能随着时间的推移而从一种风格转向另一种风格。①

---

① 林艳艳、李朝旭：《心理学领域中的爱情理论述要》，《赣南师范学院学报》2006年第1期，第40—44页。

四、鲁斯布尔特的爱情投资模型

心理学家鲁斯布尔特（Rusbult）于 1983 年提出了著名的爱情投资模型，可用一个方程式加以说明：**满意度－替代性＋投资量＝承诺**。[①]

满意度，是指个体将在亲密关系中获得的实际结果，与对这段关系的预期水准相比较，而产生的对此亲密关系的满意度。当实际结果越好，预期水准越低，则满意度越高。

替代性，是指对这段恋爱关系做出的替代性判断，包括分开之后会不会找到更好的伴侣、对方身上的品质是否独特不可替代等。

投资量，是指在亲密关系中，双方所投入的情感资源、关系资源、财力资源等。

承诺，是指个体是否需要设法维持这份关系，以及情感依恋在此段关系中的倾向性。

鲁斯布尔特结合经济学和心理学的研究路径阐释爱情，很有趣味也值得玩味。例如，如果一个女孩想找个皮肤白皙的男生谈恋爱，结果找到的男朋友皮肤略黑，只能打六十分，且男生身上没有特别明显的优势，才华平淡无奇、相貌乏善可陈、事业碌碌无为，甚至对女孩三心二意，情感上粗枝大叶，那么这段爱情就不容易稳定、长期维持。

五、斯腾伯格的爱情三角形理论

美国心理学家斯腾伯格夫妇在《爱情心理学》一书中将爱情分为**亲密、激情和承诺**三个方面，如图 2-1 所示。

亲密，是指在爱情关系中亲密、联结、结合的感觉。表示亲密的行为有：沟通内心的感受、增进对方的福祉、与对方分享自己的时间

---

① 李涛：《婚姻承诺的心理学研究》，华东师范大学博士论文，2006 年，第 27—28 页。

单纯的亲密=喜欢

单一的激情=迷恋　　　只有承诺=空洞之爱

图 2-1　斯滕伯格的爱情三角形

及财物、表达同理心、提供情绪及物质上的支持等。

激情，是指在爱情关系中浪漫、肉体的吸引，性的达成和一些相关现象。表达激情的行为有：亲吻、拥抱、凝视对方、触摸、性行为等。谈到一见钟情，杨绛先生曾经写道："我第一次和钟书见面是在1932年3月，他身着青布大褂，脚踏毛底布鞋，戴一副老式眼镜，眉宇间蔚然而深秀。见面时，他的第一句话就是：'我没有订婚。'而我则紧张地回答：'我也没有男朋友。'于是便开始鸿雁往来，越写越勤，一天一封，以至于他放假回家后，我难受了好多时。冷静下来，觉得不好，这是 fall in love 了。"[①]

承诺，就短期而言，是决定爱上一个人，就长期而言，是承诺要维持爱。表示承诺的行为有：誓约、忠实、在最困难时仍不背弃对方、订婚、结婚等。

如表 2-1 所示，爱人之间，若只有激情，就是迷恋；若只有亲密，就是好朋友关系；若只有承诺，就是形式夫妻；若只有亲密和激

_____

① 杨绛：《"我见到她之前，从未想到要结婚"——我与钟书》，《金秋》2015年第22期，第4—5页。

情而没有承诺，就是不在乎天长地久、只在乎曾经拥有；只有三者兼具，才是圆满的爱。①

表 2-1　亲密、激情与承诺的组合

情 感	关 系	亲 密	激 情	承 诺
喜 欢	好朋友	√		
迷 恋	一夜情		√	
空洞的爱	名分夫妻	√	√	
浪漫的爱	不在乎天长地久	√		√
伴侣之爱	长期饭票	√		√
愚笨之爱	一见钟情		√	√
圆满的爱	三者兼具	√	√	√

六、荣格的阿尼玛和阿尼姆斯情结

心理学家荣格提出的阿尼玛和阿尼姆斯情结是其精神分析理论的重要内容，他将男性潜意识心灵中的女性倾向称为阿尼玛，女性潜意识心灵中的男性倾向则称为阿尼姆斯。②

阿尼玛是每个男人心中都有的女性形象，是男人心灵中的女性成分，其原型为男性心中的女性意象。**在男性遇到一个像他自己的阿尼玛的女性时，他会体验到极强烈的吸引力**，觉得这就是自己的"梦中情人"，这种吸引是因为那位女士身上有与他相似的女性特质。

阿尼姆斯是每个女人心中都有的男人形象，是女人心灵中的男性成分。同样，**女性被初见的男性吸引，也是因为对方有自己身上的男性特质，跟自己的阿尼姆斯相似，这是一种无意识投射。**

这种投射，可以让彼此迅速地坠入爱河，无法自拔。就像林徽因

---

① ［美］罗伯特·J.斯腾伯格、凯琳·斯腾伯格编著：《爱情心理学（最新版）》，李朝旭等译，世界图书出版公司北京公司 2010 年版，第 195—208 页。
② 郭爱妹、陈晴钰：《荣格分析心理学的女性主义解读》，《南京师范大学学报（社会科学版）》2012 年第 2 期，第 103—108 页。

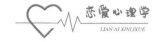

曾对自己的儿女说："徐志摩当初爱的并不是真正的我，而是他用诗人的浪漫情绪想象出来的林徽因，而事实上我并不是那样的人。"① 所以，**我们要学会自性化，也就是一个人最终要成为自己，整合自己的人格，成为完整的人**。切记，爱情，爱的是真实的人，不是梦，不是投射！

附录：喜欢和爱情态度量表 ②

心理学家鲁宾制作的"爱情量表"和"喜欢量表"，将"爱情"与"喜欢"分为两种不同的性质和情绪状态，有助于大家在恋爱中做出正确的判断，获得更完美的结果。

爱情量表

1. 他（她）觉得情绪低落的时候，我觉得很重要的职责是使他（她）快乐起来。

2. 我在所有事情上，都可以信赖他（她）。

3. 我觉得要我忽略他（她）的过失是一件很容易的事。

4. 我愿意为他（她）做所有的事情。

5. 对他（她）我有一种占有欲。

6. 若我不能和他（她）在一起，我觉得非常不幸。

7. 假如我孤寂时，首先想到的就是去找他（她）。

8. 在世界上我关心很多事，但是有一件事就是他（她）幸福不幸福。

---

① 王正：《徐志摩、林徽因恋情新证》，《浙江社会科学》2007年第2期，第178—185页。
② 参见王宇航、白羽主编：《大学生心理健康教育与实训指导》，浙江大学出版社2013年版，第158—159页。

9. 他（她）不管做了什么，我都愿意宽恕他（她）。

10. 我觉得他（她）的幸福和成功是我的责任。

11. 当我和他（她）在一起时，我发现自己什么事都不做，只是用眼睛看着他（她）就感到很幸福。

12. 若我也能让他（她）百分之百地信赖，我觉得十分快乐。

13. 没有他（她），我觉得难以生活下去。

喜欢量表

1. 当我和他（她）在一起时，我发觉好像两人都有相同的心情。

2. 我认为他（她）非常好。

3. 我愿意推荐他（她）去做被人尊敬的事。

4. 以我看来，他（她）特别成熟。

5. 我对他（她）有高度的信心。

6. 我觉得大部分人和他（她）相处，都会有很好的印象。

7. 我觉得和他（她）很相似。

8. 我愿意在班上或团体中，做什么事都投他（她）一票。

9. 我觉得他（她）是许多人中容易让别人尊重的一个。

10. 我认为他（她）十二万分聪明。

11. 我觉得他（她）是所有认识的人中，非常讨人喜欢的一个。

12. 他（她）是我很想学的那种人。

13. 我觉得他（她）非常容易赢得别人好感。

这两个量表有许多共通处。但鲁宾认为：爱情有依附感、关怀感和亲密感三个要素，核心问题是独占性和排他性；而喜欢只是正面的感受，如好、喜欢、崇拜，没有涉及你为他（她）做什么和独占的感觉。

第四节
男女大不同

《木兰辞》（节选）

[南北朝]无名氏

雄兔脚扑朔，雌兔眼迷离。

双兔傍地走，安能辨我是雄雌？

——《古乐府》中华书局 2016 年版

这首《木兰辞》大家都很熟悉。提着兔子的耳朵悬在半空时，雌兔和雄兔有差异，容易区分；当雌雄两兔贴地奔跑时，则因相似难以区分。在恋爱相处中，男女有共同点，也有诸多差异。有两本书分别叫作《男人来自火星，女人来自金星》（约翰·格雷）、《男人需要尊重，女人需要爱》（爱默生·艾格里奇），都特别有趣地讲述了男女的差异问题。恋爱使两个来自不同世界的人走在一起，一些美好的差异使两个人彼此吸引，但各种兴趣爱好、处事方式、生活习惯等方面的差异又会让两个人产生矛盾。

举例来说，男生通常喜欢单打独斗，遇到问题自己解决，除非迫不得已才会开口求助，能够帮助别人解决问题，会被男生视为非常荣耀的事。在我辅导的案例中，很多女生都钦慕、佩服自己的男朋友很博学、很能干。当女生请教男生时，男生通常都会表现得很绅士，笑容可掬地帮忙解决；但如果男朋友明明在旁边，女生却去请教了其他男生,男朋友就会立刻表现出不高兴,有时候会抢着回答,有时候会生气走开,甚至醋意大发。这是很多男生的特点。因为**解决问题是男生的爱好和"优势"**,一旦这个"优势"被夺走,就会伤及男生的自尊。

而**女生通常需要被理解和支持,同时需要被倾听,而且是不加指责的倾听、不加评判的支持**,这也是恋爱中比较容易出现分歧的地方。本来女生带着忧愁和烦恼来跟男生倾诉,结果却被横加指责,男生会说"我早就跟你说了吧!你本来能力就弱,你就不该这么做!"等指责类的言语;当女生软弱诉苦时,男生依然在指点江山、趾高气扬,帮女生"出谋划策",自以为可以让女生心花怒放,以为自己成了解决问题的关键人物,结果却让女生很不高兴,甚至与男生争吵。其实,女生需要的只是关怀和安慰,而不是被指责甚至被贬低。可以说,男女差异是引发恋爱矛盾的重要原因之一。

有人做了两个有趣的比喻,把女生比喻成蝴蝶,优美典雅,轻灵聪慧;把男生比喻成水牛,孔武有力,横冲直撞。水牛和蝴蝶两者间有巨大的差异,却也有美好的和谐。

在课堂上,我经常让学生做关于男女差异的大讨论,非常有趣。这里,我从几个方面来谈谈男女的差异。

从生理结构上来看,男女因为身体构造和染色体不同有着天生的差异,按照进化心理学的理论,男人的生存从狩猎开始,女人的生活从摘果子开始。男生狩猎时绝对噤声,不能用语言交流,发展到现代之后出现的一个有趣的现象是:一群男生一起踢足球,两个男人一块钓鱼,整个过程持续几个小时,却没有几句交流,最后啤酒喝了几箱,话却没说几句,结果大家都感觉交流得很满意,这是让很多女生不能理解的。而在摘果子时,一群女人身处树下,叽叽喳喳,互通有无,恰好也是最好的情感联结方式,所以当男生看到女生抱着电话聊

两三个小时，也无法理解。先天的生理差异，加上后天的生活方式、年龄、种族、城乡、个性、出生年代、原生家庭、出生次序等各个方面的因素，让男女差异随处可见。《男人来自火星，女人来自金星》一书道，男人和女人在各方面存在着不同：他们的沟通方式不同；他们的想法和感觉不同；他们的认知和反应不同；他们对爱情的需求不同。他们看待同一问题，也常常说"公说公理，婆说婆理"。大体说来，男人和女人来自不同的星球，说不同的语言，需要不同的养分。①

从表达方式上看，男女的差异同样较大。比如，女生说："我们从来没有出去逛过街。"男生可能会从中理解出指责的味道：你没有做你该做的事，多令人失望，你懒惰、没情调、枯燥乏味。所以男生可能就会立刻开始解释："我们怎么没出去了，我带你去了好多地方购物，我每天都惦记着让你高兴。"如果要把"我们从来没有出去逛过街"这句话翻译成男生能够理解的话，可以这样表达："我想要和你一起做些事，我喜欢和你在一起的感觉。"这样男生就能听懂了，否则就有可能产生冲突。男生在恋爱中面临的最大挑战是：当女生在谈论她的问题时，能够正确解读其中含义并支持她，不否定、不指责，也不轻视。女生在恋爱中面临的最大挑战是：当男生不说话时，能够平静、准确地解读男生的情绪状态并支持他，不误解、不引火上身，也不排斥。

如图2-2所示，吵架时，男生通常关注"什么问题""谁的问题""能否解决""怎么解决"，完全以问题为导向。而女生通常关注"你是什么语气""你是什么态度""你居然敢吼我""你还不来哄我""你变了""你不像以前那样爱我、包容我了"，常常是以情感为导向。

---

① ［美］约翰·格雷：《男人来自火星，女人来自金星》，黄钦、尧俊芳译，吉林文史出版社2010年版，"最新版序言"，第2页。

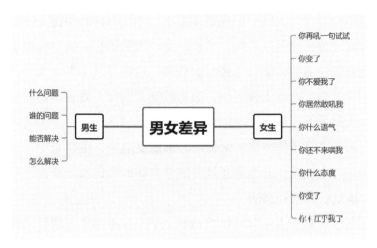

图 2-2　男女吵架思维对比图

　　男女的大脑构造差异很明显。知名脑神经科学家洪兰在 TED 演讲时指出：男女大脑神经元连接回路差异较大，男性平均每天要讲 7000 个字，而女性要讲 2 万个字。男人在公司就把话说完了，回到家里没有话了，可是女人等了一天就是要和男人说话。[①]美国宾夕法尼亚大学研究员为近 1000 名未成年和成年的男性、女性做脑扫描，揭示了两性之间脑神经连接方式惊人的不同。[②]男性的特点是：连接男性左右脑的神经纤维束（胼胝体）少而细，所以男性很难同时使用他的左右两个半脑，而会根据他的需要在左右脑之间进行转化。此外，男性大脑的杏仁核（产生情绪、识别情绪和调节情绪，控制学习和记忆的脑部组织）与大脑中负责语言的区域联系较少。女性的特点是：**连接女性左右脑的胼胝体多而粗，比男性的多 30% 左右**，而且雌性激素会促

[①]《认识自己——听洪兰讲脑科学视频》，2023 年 1 月 10 日，https://www.bilibili.com/video/BV1A14y1u78o/?p=1，2024 年 5 月 30 日。

[②] Ingalhalikar M.,Smith A.,Parker D.,et al., "Sex differences in the structural connectome of the human brain," Proceedings of the National Academy of Sciences, Vol.111, No.2, 2014, pp.823−828.

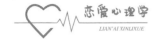

使神经细胞在女性大脑中形成更多细小的连接，这就使得女性能同时敏捷自如地使用她的左右脑。此外，女性大脑的杏仁核与处理语言以及其他高级功能的区域有着密切的联系。这就导致了男女差异：由于左脑主管言语，右脑主管情绪，而男性又无法在左右脑间迅速切换，且男性大脑的杏仁核与大脑中负责语言的区域联系较少，因此**男性更难表达和分享自己的情绪，常常把心事隐藏起来，更擅长专注性的逻辑思维**；与之相反，女性愿意且更能够自如地表达和分享自己的内心感受，更擅长共情和倾听。

最后，我把男女差异总结为四组"更"：**男性更习惯行动表达，更乐于解决问题，更看重个人自尊，更担心能力不足；女性更愿意情感表达，更喜欢心灵沟通，更需要关怀呵护，更担忧失去爱的连接。**

爱人之间只有可以用科学、包容的眼光正视男女差异，探索差异背后的动力，才能做到求同存异。

第五节

差异中的心理博弈——如何处理恋爱中的差异问题

《天乌乌》（节选）

台湾民歌

阿公仔举锄头要掘芋

掘啊掘，掘啊掘

掘着一尾旋鰡鼓

咿哟嘎嘟真正趣味

阿公要煮咸

阿妈要煮淡

两个相打弄破鼎

——《中国民歌》武汉出版社 1998 年版

这首台湾民歌《天乌乌》，非常形象地把夫妻之间的差异冲突演绎了出来。根据各类调查数据，导致婚姻破裂的第一大原因是生活琐事中的差异与分歧。恋爱亦是如此，从一开始的甜蜜浪漫到后来的处处分歧，从起初的你侬我侬到后来各种琐事导致的鸡飞狗跳，恋人之间的差异成为导致分手的重要原因。如何处理差异问题，成为恋人之间需要解决的重大问题之一。如果恋人在差异化相处中消磨掉了耐心与容忍，就会导致分歧和矛盾积重难返，最后两个人不欢而散。

春芸和逸飞从高中就开始谈恋爱，转眼间已经五年，但是在大学

毕业之际两个人的矛盾却越来越大，两人一起来找我咨询。逸飞是慢性子，春芸是"急先锋"，即将毕业，春芸总是每天急匆匆地找工作和参加实习，而逸飞从来都是一副乐天知命、温水吞吞的样子。春芸喜欢一帮人热热闹闹地吃喝，而逸飞喜欢"宅"在宿舍静静地看书。两个人在一起租了房子，逸飞俨然一个家庭"煮夫"，每天筹划幸福的晚餐，而春芸不太在意家庭的打理，逸飞就会指责春芸不珍惜他们这个共同的小家。

逸飞跟春芸有个约定，就是要为春芸过一个有纪念意义的生日，于是在春芸生日这天，逸飞暗暗地布置好了整个小家，张灯结彩，整个房间充满温暖气息。并且逸飞亲手为春芸烤制蛋糕，准备红酒和丰盛晚餐，想着给春芸一个惊喜。结果到了晚上，春芸忙了一天，已经忘记了生日这回事，忙不迭地去参加实习单位的一个聚餐活动。就这样，逸飞等到饭菜凉了也不见春芸回家，生出了满腹怨气。春芸一到家，逸飞就开始把满腹的怨气撒在了她身上："你知道我等你多久了吗？""你知道我准备了多长时间吗？""你在意我们之间的感情吗？"这样的几番"灵魂拷问"下来，春芸也崩溃了，把所有的新账旧账一起翻出来。两人吵得天翻地覆，最后提出分手。

有人说，为了这一点芝麻小事就分手，这两人也太矫情了。其实恋爱生活中没有那么多重大的事。很多时候，墙上的一抹蚊子血或者是胸口上的米饭粒，虽不严重却令人不舒适，疙疙瘩瘩逐渐演变成了矛盾对立。

一、情侣之间必然存在差异冲突

婚恋专家戈特曼博士通过实证调查研究发现，即使是非常幸福的夫妻，他们的婚姻中依然有69％的问题是无解的。很多情侣说，自己和对方一直没有吵过架。那有可能是你们学会了处理差异，但更大的可能是你们隐藏了差异或者说是掩盖了矛盾。风平浪静时看不出来，而一旦遇见狂风骤雨，真实的关系才会显现。但不要害怕差异，自然界的所有差异，换来了整个自然界的平静，世界上从没有两片相同的树叶。泰戈尔说："要是爱情不允许彼此之间有所差异，那么为什么世界上到处都有差异呢？"正因为每个人对这个世界都有独到的见解，所以这个世界才如此丰富多彩，如果你想完全去除差异，那其实是控制，是焦虑，并非良策。

有人说，即使婚姻再幸福，两个人一生中也会有至少两百次离婚的念头和五十次想掐死对方的想法。恋爱也是如此，**与其消除差异，不如学习与差异共存，或者说差异可以让彼此的人生更完整**，因为差异往往就是你所没有的、缺少的那一部分。学会与差异共存，也许会打开你的"第三只眼睛"，让你看见不一样的人生和世界。

二、接纳恋爱中的彼此差异

我在心理辅导时，经常碰到有情侣说分手的原因是"性格不合"，这个原因好像万金油一样，似乎适用于大部分分手的情侣，但其实这是一个伪命题。实践证明，根本就没有所谓完全契合的性格。之后的章节，我会谈到四种大的性格类型。有人做事快，有人做事慢，有人重视人际关系，也有人重视埋头做事，就算两个人是相同的性格类型，也只能说是在某一个方面达成了一致，依然会有差异和冲突。把自己的期待强加给别人，不断地试图改变对方，是在抹杀对方的人格，消灭对方的"自我"，这样会破坏关系。网上有一段话讲道："你喜欢吃西餐，我喜欢吃路边摊，这不叫三观不合。你喜欢吃西餐，我说你'装'，我喜欢吃路边摊，你说我'low'，这才是三观不合。"**真正的三观不合是彼此不能包容、不能接纳、不能理解、不能共情。**

我有一个辅导案例。一对情侣在争吵时有不同的处理方式，一直不能彼此认同，男生在吵完架后会积极道歉和好，试图大事化小、小事化了，但是女生总是在男生道歉之后要男生回答一个问题："既然你道歉了，那么你错哪儿了？"若得不到满意的答案就不接受道歉。这令男生很恼火，心想：我都道歉了，你还不依不饶，这不是找碴儿吗？结果两个人就开始冷战。这个争吵的模式一直延续了很久。通过我的辅导，男生探索了自己一心求和、迅速解决矛盾背后的心理因素，他想一劳永逸地解决问题，害怕冲突和矛盾，不希望两个人处在冲突当中，害怕亲密关系因此受到影响；而女生的想法是，争吵之后要复盘解决问题，不要在一个问题上反复跌倒，这样不仅不会影响亲密关系，而且会让亲密关系更融洽。通过深入的交流，男生也慢慢理解了女生的想法，学会一同复盘一同正视问题，两人从"双输"变成了"双赢"。

三、看到差异背后的真实心理需求

罗素说："参差多态乃是幸福的本源。"每个差异背后都有具体的心理需求，矛盾冲突发生时可能不会理解，但是如果你愿意探索对方内心中真实的想法，就会萌生出更多的理解和爱意。比如，有一个男生的习惯让女朋友很不理解，就是他特别喜欢买运动鞋，各种品牌的运动鞋都想要买一双，女朋友感觉这样既浪费钱又没什么意义，时间长了分歧和争吵就产生了。在一次辅导中，我带领这个男生回溯了他的童年，这个男生出生在一个极度贫困的家庭当中，而他在求学阶段又特别喜欢篮球，每次看到别人穿上新球鞋的时候都会心生羡慕，但是自己却从没穿过一双新球鞋，要不就是表哥的旧鞋，要不就是邻居赠予的缝缝补补的旧鞋。有一次男生跟爸妈要球鞋，结果爸妈答应之后又没舍得买，男生看到家里的窘迫也没有张口再要，这使男生留下了很重的心结，发誓以后一定要用一双自己喜爱的新球鞋奖励自己。等到工作之后，男生就通过买球鞋的方式来补偿自己的缺失。通过这次辅导，男生看到了自己内心不被满足的需要，而女生也非常心疼男生的经历，对男生的心结有很深的共情，后面女生就跟男生一起去买球鞋。奇妙的是，男生又买了几次球鞋之后，就觉得自己满足了，后面都不想买了。**差异的背后，通常都存在真实的需求，包括表层和深层的需求。**表面上看也许是物质需求，其实从深层次上看是精神需求，这种需求出于内心的各种状况，如对亲密关系分离的焦虑、恐惧担忧、自卑等。如果能探索到彼此深层次的心理需求，那么两个人的关系会更进一步，能够更加理解彼此，有更多的彼此支持策略。

四、寻求共赢的处理方式

恋人在相处过程中，往往习惯在行为层面坚持己见，要求对方改变某种行为，甚至说"你爱我就该为我而改变"，通过改变对方来满足自己内心的自恋需求。但这样的改变不会长久，就算对方愿意暂时改变，也无法长期维持。例如，有的女生觉得自己的男朋友不爱承担责任，甚至骂对方是"妈宝男"①，强烈要求对方改变这样的个性，结果费尽心力也没有成功。**除非认识到了成长的必要性，否则对方不会为你做出任何大的改变。人的本性倾向于推卸责任、趋利避害，只有当外在的逼迫性动力转化成内生性动力时，才有可能达到成长改变的效果。**所以恋人之间，适度的肯定和赞美非常重要，举例来说，一个丈夫不会因为妻子让他成为男子汉，他就变得威武雄壮，而是在他觉得自己需要保护家庭时，他才会努力成为勇士，而妻子的贬低，只会让他采取更多的逃避甚至对抗策略。

---

① "妈宝男"，网络用语，指在妈妈的溺爱下长大、成年了也对妈妈言听计从的男人；也指那些被妈妈宠坏了的孩子。贬义词。

其实，绝大部分恋人是可以做到双赢而不是双输的，这就像国家之间的博弈一样，看似互相妥协，实则是双方在寻求各自利益的最大化和最舒服的相处方式。例如，男生喜欢看足球赛，是狂热的足球迷，但是女生不喜欢看球赛，这很正常。但是有些男生一味地不眠不休看比赛，完全没有考虑到女生的感受，不知道女生其实很期待与对方单独相处、彼此陪伴的时间，这才是问题的症结。

先生特别爱踢足球，每个周末都要踢两场，还是球队的队长，但太太很不悦。先生的想法是："我每周工作这么累，好不容易到周末去运动一下，而且又没有去喝酒、赌博，这不是很好的事情吗？你为什么不高兴呢？难道我工作还不够努力吗？你为什么不让我放松一下呢？"太太内心的想法则是："你平时那么忙，一周就休息这一天，却全天都不在家。我也忙了一周，你就不能帮我带带孩子，并且陪陪我吗？"

先生觉得太太不理解他的需要，太太也觉得先生没有体谅她。在辅导当中，我问先生："你难道没有一点时间可以陪陪孩子和太太吗？"先生说："当然有啊。只是我看他们周末各忙各的，我还以为根本不需要我参与，所以我才积极出去运动，这样既可以锻炼身体，又可以与我的朋友聚会，不是挺好的？""那你可以一个月之内抽出一天不踢球，而专注地陪陪太太和孩子吗？"先生说："当然可以啊！"

于是，先生和太太约定，专门把每个月的第三周周日作为家庭日：白天由先生和太太共同陪伴孩子做户外运动；晚上安排黄金时刻，由先生和太太做深度的情感交流。这样既满足了先生的运动需求，又满足了太太和孩子的情感需要，做到了双赢。**两个人并不怕博弈和谈判，最怕的是冷暴力、不交流和彼此猜测不到对方的想法。**一旦情感隔绝、互不交流，任何问题都有可能被激化。同样，很多女孩子喜欢让对方猜测自己的想法，若对方猜对了，就觉得"你很爱我，你重视我"，若对方猜不对，就觉得"你没把我放在第一位"。这样的想法是比较麻烦的，很多人连自己想要什么都搞不清楚，怎么能猜到你想要的呢？这种猜谜式相处只会让关系变得更加复杂。爱人之间双赢的关键就在于：首先要学会倾听对方的心声，其次要了解彼此的需要，最后做出双赢的选择。

第六节

恋爱七雷区

《卜算子·我住长江头》

[宋] 李之仪

我住长江头，君住长江尾。日日思君不见君，共饮长江水。　此水几时休，此恨何时已。只愿君心似我心，定不负相思意。

——《全宋词》中华书局 1965 年版

双向奔赴的爱情，最令人向往。李之仪和杨姝成了恋人，互相安慰着漂泊的心灵。当他们来到长江边，看着奔腾的江水，发出了爱的誓言：只愿君心似我心，定不负相思意。**两个人相互扶持、笑对风雨、真心付出、平淡相守，只有这样，才能相知相惜，美好地相伴一生。**

你是否也曾在恋爱中发出这样的感慨和誓言呢？还是说你经常爱得痛不欲生，甚至曾央求对方"不要爱我了，放过我"？爱情给我们勇气、力量和温暖，沐浴爱河的甜蜜可以让人舍生忘死，但是一场错误的恋爱中的痛苦、怀疑、猜忌、争吵也让我们肝肠寸断。接下来，我们来谈谈恋爱中容易踩的七个雷区。

一、第一个雷区：过度期待，企图控制

有一首歌叫《你是我的全部》，歌词唱道："你是我的全部 / 也是我的所有 / 爱着你不再有他求 / 天长地久也爱不够。"

每个人在谈恋爱的时候都有期待，希望在对方心里占据第一位，

期望对方永远把自己放在最优先位置，期待对方完全满足自己被接纳、被重视的心理需求。**有的人甚至期待对方与自己有同样的思想、感觉，不允许对方有不同的意见与看法，这就接近于控制。**这样的恋爱关系特别像母婴关系，儿童心理学指出，婴儿要完全抓住母亲来满足其自恋需求，所以婴儿也最会控制母亲，也就是说婴儿需要被完全关注，被完全爱护，一旦觉得没被关注，就会通过大声地哭闹来吸引母亲的注意力。

我在辅导中碰到过类似情况。被辅导的女生回忆起自己的童年，她是家中的老二，父母本来期待她是个男孩，结果她偏偏"投错"了性别，出生后就被送到外公外婆家寄养，而父母则计划再生个男孩。她童年时特别缺乏母亲的关注，所以从小就特别爱哭，当发现哭也不能吸引母亲的关注时，就在半夜里大声喊叫，甚至通过不断发脾气、摔东西来吸引母亲，只因为她想获得母亲的爱护和关注。这种原生家庭中爱的缺失感也会被带到恋爱当中。这位女生在恋爱时占有欲太强，要求男友把全部注意力放在她身上，不允许男友有自己的空间与喜好，这让男友有压迫感，很想逃离。我建议她在恋爱中先回溯一下自己的原生家庭和成长环境，让自己从不安全的童年中跳出来，不断增加自己的安全感。**当你学会带着安全感去爱人，而不是通过控制对方来恋爱时，这样的爱情才会有更多惊喜、更多感恩，才能让彼此舒适、相互滋养。**

二、第二个雷区：改造对方，适应自己

在恋爱中，有人总是期待对方改变来适应自己，要把对方改变成自己想要的样子。例如，希望对方变得爱干净，希望对方学习上进，希望对方成为负责任的人，希望对方更有男人味。朋友们，你们觉得这有可能吗？我猜肯定很多人会摇头。

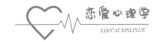

根据我多年的辅导经验，如果只是要求对方简单改变行为模式，是有希望的，比如让男生刮胡子、多洗澡，让女生不迟到之类，但其实也会很难。有一个案例，女孩特别喜欢逛街，不开心时就逛街"shopping"一下，开心时也要逛街轻松一下，但女孩的男朋友就特别不爱逛街，一逛街腿就发软，浑身出汗，整个人都不好了。女生"改造"了男生五年，最后宣告失败，这让女生非常沮丧，很有挫败感。

人格特质基本难以改变，请你干脆放下这份期待，与其改变别人，不如完善自己。如果你觉得对方是一个不够负责任的人，会推卸责任，或者对方会在困难面前逃跑，又或者对方比较怯懦，总是畏首畏尾，你就想让他变得勇敢坚强，否则你就鄙视他，但这样的改变通常使双方都很痛苦，你既不能改变对方，自己也会陷入深深的失望。

与其改变对方，不如相互适应。从亲密关系的角度来看，两个人的相处模式是"忍受—接受—享受"的过程，最后两人都能看到彼此的多面性，能够用一种发展的眼光看问题。他虽然有点内向，但百分之百忠诚；他虽然有点胆小，但不会不跟你商量就贸然做决定，以致无法挽回；她虽然口齿很犀利，但看待重大问题时视角也很独特；她不够浪漫，但能全心全意为你着想。如果你的改变能让对方产生内生动力，那这就是最高明的改变方法。例如，你想让对方洗衣服、做饭，那就要让他找到洗衣服、做饭的驱动力。你不断肯定、赞美他衣服洗得好、饭做得香甜，他慢慢就会爱上洗衣服、做饭。从积极心理学上来讲，不断的肯定强化、奖赏，就是行为正向发展的动力。当然，这样的肯定要真实、发自内心，否则就会被对方当成套路而不被接受。

三、第三个雷区：节奏太快，肆意宣泄情感

两个人谈恋爱不要一开始就二十四小时都腻在一起，如胶似漆，

不给对方任何空间。情感也有波峰、波谷，往往来得快去得也快，不会太持久，反倒持续升温是最有效果的。恋爱就像两个人一起种一棵树，每天浇水施肥、慢慢灌溉，这样树根才会扎实，才更加容易在风吹雨淋的时候牢牢伫立。心灵亲密的程度应该与交往的阶段成正比，太快交心会减少你奖赏对方的能力。中国有句古话："斗米恩，升米仇。"心理学家黄维仁博士在其"恋爱十诫"的讲座中提到，太多太快的情感宣泄会大大降低你的吸引力，**一个人能给别人最好的礼物，就是你内心深处真正的想法与感受**，但是不要把这珍贵的"人参果"随便就丢给"猪八戒"吃。这些珍贵的心灵礼物只能给那些通得过你安全性测验，渐渐赢得你信任的人。

现代社会流行试婚。有人说，不试一试怎么会知道两人适不适合在一起呢？对于这个观点，我不能够认同，若赞同试婚，则意味着试婚有助于婚姻健康，或者说试婚了就知道对方是否合适结婚。但从我辅导的经验来看，试婚又离婚的案例比比皆是，试婚和婚姻完全不是一个概念，试婚也不是婚姻的必然预备阶段，反倒是试婚者出现婚外情的概率较高，因为有人觉得可以试验多次，最后形成了习惯性婚外猎情。所以，我建议大家不要把试婚当成"万金油"，有人因为个人的生理需要、心灵空虚、孤独寂寞而试婚同居，这跟之后的婚姻成功与否关系不大。

四、第四个雷区：口无遮拦、交浅言深

在恋爱中经常会碰到这种情况，其中一方把自己的过往非常诚实地坦白给对方，用来表示忠诚或者讨好，其中包括自己的感情经历、挫折经历、创伤经历、负面想法等。祖露胸襟是向情侣示好的一种方法，但要视具体情况而定，避免交浅言深的道理就在于此。要了解对方的承受能力、心理状况、内在情结之后再慢慢坦白，不要一股脑把

心中的秘密倾泻给对方，这样很可能造成关系的罅隙。我在辅导案例中遇到过这种情况，一位女孩在恋爱之初急于抓住男孩的心，让对方知道自己不会隐藏秘密，就把自己幼年时被亲人性侵的伤痛讲给对方听，一方面想博得对方的同情，另一方面也是表明自己完全敞开的态度。结果她男朋友把这件事当成了吵架的把柄，每次吵架的时候就会提起这件事，说"苍蝇不叮无缝的蛋"，甚至鄙视、轻视女孩。

有的人在讲完自己的过往之后，希望对方也完全敞开心扉，从表面上看是彼此信任，但实际上这是一种自私的表现。一方面，每个人都有保护个人隐私的权利，就像我们童年时带锁头的日记本一样，不可大肆宣扬；另一方面，在关系中强求爱人带给你快乐，为你的情绪与安全感负责，长久这样下来，不但会失去对方的尊重，有时也会导致对方受不了压抑而离开。

那么，过去痛苦的事情，到底应不应该告诉对方呢？答案是，要判断好情况，再看该不该说。这需要对对方有充分的了解，要提升自己的情感智慧。有些事情如果你不说，对方会觉得你不诚实；有些事情过早说，会让感情产生龃龉，不利于情感的发展。

有的人擅长倾听，口风很严，可以为你保守秘密，有的人特别喜欢"八卦"，是"大嘴巴"，很难为你保守秘密。某部电视剧中有一个片段：女孩的汗毛特别多，有些汗毛会长在脸上，所以女孩要像男生刮胡子一样每天刮汗毛。而男朋友为了安慰自己失恋的好哥们，就把这个秘密告诉了好哥们，但是这位好哥们实在不擅长保守秘密，结果身边所有的人都知道了这件事。有一天就有人当众调侃女孩："你今天刮胡子了吗？"搞得女生非常尴尬。所以，恋人间沟通一些事情，一定要在安全的环境下。那么，有没有秘密可以让情侣一直隐藏呢？我认为，**每个人都可以有若干单属于自己的秘密。但随着彼此信任感的加强，可以逐渐坦诚，只是不能勉强**，不能以恋爱关系来要挟对方，让对方必须完全透明，而是要水到渠成，就像大禹治水一样，宜疏不宜堵。

五、第五个雷区：鄙视轻蔑，频繁指责

《男人需要尊重，女人需要爱》这本书从男女差异入手，讲恋爱当中男女的相处之道。如果你采访恋爱中的男女，女生通常都会说男生有个特点是要面子，当女朋友在男生面前说起其他男士多么能干、多么有才华、多么有钱之类的话，男生多半就会跳起来，轻则表现得很厌烦，然后会说："那某某人还不如我呢！"或者说："你也不是十全十美啊！"更有甚者就会回怼："你也不怎么样啊，某某女生也比你更丰满更漂亮呢！"这样就形成了相互攀比、相互指责的局面，就算你本心是希望对方成长进步，鼓励对方更上一层楼，但是通常会适得其反。从进化心理学角度来看，从原始社会开始，男人的作用就在于打猎，这样的力量呈现向外伸张的状态。如果男人发现比自己更加英勇的骑士，那就要通过战斗比出输赢，否则就不会赢得族群和女人的认可，所以一旦被进行比较，男生就会像炸毛的刺猬，立刻要与其他男性分出高下。对男性最极端的刺激，就是在比较中被贬低，**比如"你算什么男人""你做什么都不行""你一点男子气概都没有"，这些话一下子就会激起男性的怒火**。同样，女性也不愿被和同性比较，但反应不如男性的大。比如一对恋人一起逛街，男生看见一位漂亮美女，马上说道："你看她的穿着、气质真好，真漂亮。"女生可能本来和男生牵着手，此时马上就会甩开手和男生大吵起来："你看别的女人好，我没她好看，你选我干吗？"所以，恋爱中的男女都不要踩这个雷区，要学会时刻提醒自己尊重对方。

男生通常会觉得搞不懂女孩子怎么想，而女孩会把不解风情的男生叫作"直男"，其中同样蕴含着心理运行机制。女生的情感功能相

较于男生更为发达，所以男生在与女生交往时，要更关注女生的情感需要，但通常的问题是，当女生讲出自己的情感要求时，男生可能接不住、不能理解。比如，女生说："你今天不用陪我了，去陪你的兄弟们好好嗨一下。"这有可能是一种试探，背后的潜台词是："你到底是喜欢陪我，还是喜欢陪你的好哥们儿？我在你心中到底重不重要？"这种细微的心理试探，需要男生有一定的体察能力。可能有男生会说，女生的心思真复杂，猜都猜不到。其实也没那么难，但需要懂一点性别心理学的知识，提升一点情感智慧。

例如，有的女生碰到了来自工作上的压力，向男朋友抱怨："我的老板好烦啊，总是压榨我们，天天让我加班，真是一个资本家！"男生可能会以一种指责和说教的语气来表达："我早就跟你说过，你的老板不靠谱，你还不防备他，你的工作能力本来就弱，还不如早点换个工作呢。"这样一番不假思索的话讲出来，带来的很可能是女生的沉默，觉得不被理解，也可能引发一场争吵，让身心俱疲的情侣进入更加疲惫的状态。其实女生的意思只是想找人倾诉一下，表达自己的疲倦，却被无端指责，造成了更大的痛苦。这种情况下，男生一定要注意，要确定女生需要什么，是需要你温暖的拥抱，还是口吐莲花的计谋？女生突然发小脾气时，**男生需要搞清楚：这件事与我有关吗？你需要我怎样帮助你呢？** 只有这样明确女生的需求，那么处理问题才能得心应手。通常，女生更需要被体贴和关怀，在关爱中，女生会产生信任和安全感，才会愿意跟恋人倾诉。

六、第六个雷区：缺乏动力，过度粘黏

对于司机来说，有两件事必须要做：一是定期保养，否则汽车的零部件就会损坏，还可能导致交通事故，如车胎被扎破、刹车失灵等；二是定期加油，不加油汽车就没有动力、寸步难行。对于爱情来说，

也同样需要保养和加油。那么爱情的燃料是什么，怎么给爱情加油呢？爱情的燃料就是让自己成长，增加自己的吸引力。爱情是一场双向奔赴的旅行，就像两个人在一起跳舞，如果其中一个人达到了国家级水准，而舞伴还停留在原地不动，那么这场舞蹈就会跳不下去。所以好的爱情会促进彼此的成长，是正能量的流动，是彼此的扶持和支撑，而不是将某个人据为己有。自身的成长分外重要，如果自己不成长，而只是想着用当初的海誓山盟限制对方，甚至让对方写保证书，那是没有意义的。

爱情既要加油，同时也要注意保养。处理人际关系时有一个"刺猬法则"，就是人与人之间的关系就像刺猬和刺猬之间的关系，不能太近也不能太远，太近了会互相伤害，太远了无法彼此取暖。健康的爱情在开始的时候不应该总是两人粘在一起，一起吃饭、一起上自习、一起看电影、一起复习期末考试，做什么事都要在一起。这样过了一段时间，如果有一个人提出要求，要保持独立的空间，觉得距离才能产生美，而另一方则觉得两人"一刻都不能分开"，这样就会发生冲突。当其中一个人追求独立、刻意疏远对方时，另一个人如果追求亲密感，就会产生焦虑，觉得自己被爱得不够，被关注得不够。一个人觉得对方怎么这么黏人，另一个人觉得对方怎么不爱我了，怎么不喜欢跟我整天在一起了。双方会在此时产生较大的怀疑和矛盾，会彼此疏远。

有人说，"恋爱脑"很可怕，好像不恋爱就不能活，身边必须要有人陪。你如果是所谓"恋爱脑"，**首先要反思自己能否自处、自圆满，能否满足自己的需要，是否因为原生家庭或者情感创伤，才必须要抓住他人来减少自己的孤独感。**例如，一位男生从小被寄养在外婆家，后来父母因为工作忙就一直没有关注他，中间父母的争吵也让他很害怕，所以他从小就想通过建立亲密关系来保持自己的安全感。我

在咨询中问他："在你女朋友离开你的时候，你想到了什么？"他仔细回想了一下，说："想到了我的妈妈又要离开我去工作的感觉，我好想她能多陪陪我。当女朋友吵完架离开我时，那种感觉又从妈妈身上转移到女朋友身上，所以那一刻我崩溃了，我感觉我的女朋友要离开我了，不跟我在一起了，这种分离的焦虑好痛苦。"

所以，要反思自己的问题，不要强人所难，不要因为自己的心理创伤或者安全感不足而逼着对方陪自己，而是要学会自我成长。成长需要自我探索，爱情也需要一定的空间，不要让彼此窒息。

七、第七个雷区：忽视三观，过度看脸

有首歌叫《看脸时代》，歌词很有趣："男孩看女孩 / 先看乖不乖 / 大眼睛俏脸蛋 / 男孩都喜爱 / 女孩看男孩 / 先看帅不帅 / 高个子俊五官 / 女孩都期待。"

知乎上有一个趣味选择题——五元钱买个男（女）朋友，你会怎么搭配？我在课堂上经常会让学生做一下这道题，大部分女同学会花最大的一笔钱来买"帅气幽默又体贴"，大部分男同学会选择花钱买"漂亮又温柔体贴"。从进化心理学角度来看，男生喜欢身材丰满的女生，因为在潜意识中，男人会主动选择那些具有优秀生育基因的伴侣，他们通常都会更在意繁衍后代的价值。在原始社会，丰满的女性代表着拥有富余的脂肪，表明这个女性拥有比较强的哺乳能力和优良基因，能够更好地延续后代。但在恋爱当中，如果第一时间关注对方的外貌——当然，外貌至少要在你眼中能过得去，那么在定情、交往一段时间以后，外貌就会变得不这么重要。**恋爱关系将来能否长久，关键在于双方的个性、品格、价值观等。**

发展一段恋爱关系前，首先要看看对方的人际关系。如果想要走进婚姻，那么更加需要了解对方父母的情况，了解对方原生家庭的

状况，以及他的人际关系相处模式。例如，有的女生喜欢爱做饭的男生，那么要看看对方的父亲会不会做饭，如果男生的父亲从不做饭，那么很有可能这个男生也不爱做饭。家庭传统的影响会比较明显，要关注对方原生家庭中的互动模式。若想找一个有爱心的恋人，那么也要看看他的原生家庭是否充满温暖和关爱，爱是稀缺品，没有被爱过，也很难爱别人。一个人有没有健康的人际关系，与将来的幸福绝对相关。若对方单单对你好，极有可能是讨好和权宜之计，这样的恋情非常不实际且危险。

其次也要关注对方的三观，三观就是世界观、人生观、价值观。世界观是对生存世界的态度，它和如何看待生命（人生观），如何判断善恶、趋利避害（价值观）一起组成了人生态度。世界观中也包括宗教信仰问题，两人若宗教信仰不同，一般也很难相处。

价值观涉及一些比较具体的内容，比如两个人对金钱使用的观念、对未来工作的规划、在处理人际关系上的方法，甚至涉及去谁家过年、要不要给父母寄钱等生活琐事。如果其中一个人一直向往诗和远方，而另一个人只愿意沉浸人间烟火，一个人把生活过得诗情画意，而另一个人的生活一地鸡毛，那么这些价值观上的差异都会造成冲突。如果两个人的价值观冲突特别大，那么后面的相处就会很难，甚至步步维艰、矛盾不断。我在做婚姻辅导时会碰到这种情况，两个人也说不清楚为什么想分手，却都觉得很累，每件事都讲不通，每件事都要争吵，双方都耗尽了心力。

人生观主要体现在对自我的认知和生存的意义方面。**一个人在自我价值感低、自尊心比较弱时，尽量不要急着谈恋爱**。我在辅导中碰到过这样的情况，有的女生某段时间心理状况较差，特别需要人安慰，而此时恰好有一个"暖男"及时出现，两个人很快就共沐爱河，但是不久就发现对方不合适，只是在特殊时期找了个心理安慰而已，根本没有了解清楚对方的基本情况和三观，所以造成"闪恋闪分"。

推荐阅读

1. [美] 艾·弗洛姆:《爱的艺术》,李健鸣译,上海译文出版社 2008 年版。

推荐理由:爱是什么,是自然的本能,还是后天习得的本领? 爱需要修炼吗? 对爱的学习是否会让爱染上微尘? 爱到底是给予还是索取? 成熟的爱到底有怎样的图示? 仔细阅读这本小书,细细咀嚼,就能找到答案。

2. [美] 约翰·格雷:《男人来自火星,女人来自金星》,黄钦、尧俊芳译,吉林文史出版社 2010 年版。

推荐理由:我一边看这本书一边捂嘴笑,原来男女差异真的那么大! 仿佛男人和女人不是来自同一个星球! 不同的星球有不同的语言,如果不了解男人和女人的差异,就不要谈构建"同一个梦想"了。

3. [美] 约翰·戈特曼、娜恩·西尔弗:《爱的博弈》,穆君、伏维译,浙江人民出版社 2014 年版。

推荐理由:戈特曼博士的著作有趣有料,他对于爱情、婚姻的结论,不是靠逻辑判断得出的,而是实打实的实验结果。他通过对一系列情感地图的梳理和亲密对话的研究,得出严谨深刻的结论,让人不禁感叹,对于爱情的研究竟可以如此深入人心。

4. [美] 罗兰·米勒、丹尼尔·珀尔曼:《亲密关系》,王伟平译,人民邮电出版社 2011 年版。

推荐理由:这是一本关于爱情的百科全书,从吸引力到印象管理,从伴侣沟通到伴侣暴力,恋爱中的男女关注的问题,这本书几乎都有提到。相信你读了之后,一定会更了解爱情的魔力和人际关系的奥妙。

Chapter Three

第三章

恋爱与性格气质

你的性格适合跟什么样的人谈恋爱

《红楼梦》（节选）

[清] 曹雪芹

（林黛玉）闲静似娇花照水，行动似弱柳扶风。心较比干多一窍，病如西子胜三分。

（王熙凤）一双丹凤三角眼，两弯柳叶掉梢眉……粉面含春威不露，丹唇未启笑先闻。

——《红楼梦》中华书局 2014 年版

这一节我们聊聊性格气质与恋爱。一个人的性格会大大影响其恋爱观，例如：一个性格开朗、乐观的人，其恋爱观可能是积极向上、充满希望的；而一个性格内向、自卑的人，则可能对恋爱抱有消极、防御的态度。而每个人都有自己不同的气质，就像《红楼梦》中，林黛玉呈现的是敏感多虑、安静柔弱的气质，而王熙凤体现的是泼辣威严、活泼开朗的气质。本章，我们通过性格分析来解析一下谈恋爱时的性格匹配与性格差异。

我先谈谈我身边的小朋友们，大家看看自己的性格气质跟他们是否有相似之处。一号小朋友，幼儿园老师说她是像风一般的女子，动作很急，速度很快，在她身上看到的都是力量和斗志。她是一个目标感极强的孩子，只要是她想要的东西就一定要得到。比如，向大人讨要一根棒棒糖，别的孩子遭到拒绝之后可能就忘记了，但是她不达目

的不罢休。早上起床，她会到爸爸身边大声叫："爸爸，你昨天不是答应给我买棒棒糖了吗？"到了商店，她又会提醒："爸爸，你不是答应给我买棒棒糖了吗？"她还会给爸爸出选择题："爸爸，我给你两个选项，一是你给我买棒棒糖，二是我像小熊妹妹一样躺地上打滚，你看哪个好？"总之，她一定会软磨硬泡，直到达成目标。而且她拿到棒棒糖后还会主动给小朋友们分发，其他小朋友都愿意追随她，她也以此为荣。

而二号小朋友就不一样，她从小乐天知命，给她买的她就要，不给她买她也不去努力争取，而是随遇而安。至于棒棒糖这种东西，你给她她就吃一口，不给她她也不会强行去讨要，怎么安排都行。她在与人相处的时候也是和和气气、礼让有加，非常乖巧。

三号小朋友也是小女孩，她是天生"社牛"，哪儿都是她的舞台中心。有一次家庭聚会，女孩的妈妈去办事，只留下小女孩跟我们在一起。这个八岁的孩子聊天聊得不亦乐乎，哪里有好吃的、好玩的，如数家珍，从头至尾都不怯场，偶尔还会讲几个笑话，简直就是大家的开心果。

四号小朋友也是我女儿的一个同学，有一次我跟女儿去她的这个同学家做客，这个女孩乍一看就非常严谨认真，每个玩具、学习用品放的位置都是固定的。她的玩具柜里的东西错落有致，第一层是书籍，第二层是娃娃，第三层是玻璃和陶瓷玩具，第四层是动物玩具。她给我们掰开一块点心后，必须要放在纸巾上，稳妥地递给我们。她妈妈说："她小时候画房子，如果门前有四级台阶，她就一定会画四级；如果窗帘上的钩子掉落了，她一定要画出来，保证一一对应。"细致严谨、敏锐完美在她身上体现得非常充分。

那么，你的性格特质类似哪一个小朋友呢？可以通过后文附录中的性格轮廓测试表来测试一下，以便精准地剖析自己，了解自己的思考和行为模式，同时分析判断恋人、家人、同事、伙伴不同行为的属性，进而认识、接受、欣赏别人的优点，并找到与他们的相处之道，化解不同性格气质人群因认知差异所产生的误会及冲突。

心理学上有个模型叫"周哈里窗"，如图 3-1 所示，左上角那一扇窗称为"开放我"，这是自己清楚别人也知道的部分，比如一个人的性别、外貌，以及某些可以公开的信息，包括婚否、职业、工作生活所在地、能力、爱好、特长、成就等。"开放我"是自我最基本的信息，也是了解自我、评价自我的基本依据。右上角那扇窗称为"盲目我"，也称"背脊我"，属于盲目领域。这是自己不知道而别人却知道的部分，比如不经意的一些小动作或行为习惯等。有时你流露出得意或者不耐烦的神态和情绪，本人不易觉察，除非别人告诉你。**"盲目我"的大小与自我观察、自我反省的能力有关，通常内省特质比较强的人，盲点比较少，"盲目我"比较小。**[①]

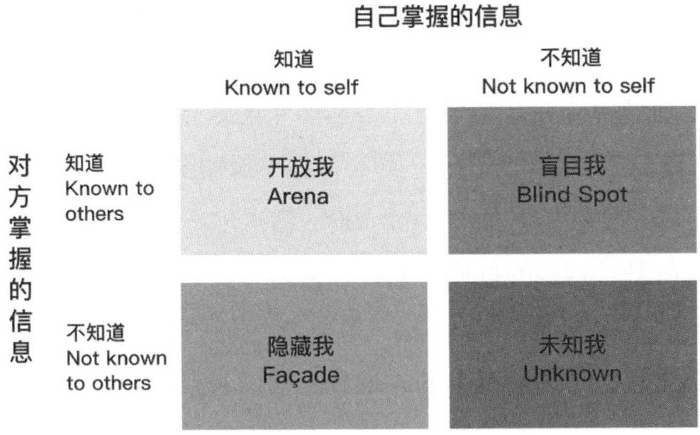

自己掌握的信息

	知道 Known to self	不知道 Not known to self
知道 Known to others	开放我 Arena	盲目我 Blind Spot
不知道 Not known to others	隐藏我 Façade	未知我 Unknown

对方掌握的信息

图 3-1　周哈里窗

左下角那扇窗称为"隐藏我"，这是自己知道而别人不知道的部

---

① 郑蓓蓓：《遇见，自己——自我认识辅导设计》，《中小学心理健康教育》2011年第 24 期，第 31—33 页。

分，就是常说的隐私、个人秘密，留在心底、不愿意或不能让别人知道的事实或心理状况。若"隐藏我"太多，"开放我"就太少，那就如同筑起一座封闭的心灵城堡，无法与外界进行真实有效的交流与融合。右下角那扇窗称为"未知我"或"潜在我"，属于一个人的"处女领域"。这是自己和别人都不知道的部分，有待挖掘和发现。对"未知我"的探索和开发，能让我们更加全面而深入地认识自我、激励自我、发展自我、超越自我。我们所做的行为模式的分析，就是为了探索"潜在我"，了解"盲目我"，让大家在恋爱中能够更加了解对方，相处得更加愉快。

古希腊医学家希波克拉底认为，血液、黄胆汁、黏液和黑胆汁四种体液分别代表四个不同的行为类型，也就是通常所说的多血质、胆汁质、黏液质、抑郁质。多血质会使一个人变得乐观；胆汁质则会造成急躁的个性；黏液质会使人看起来懒散；抑郁质则与忧郁有关。从目前来看，心理学上较为详细的性格气质测试有 MBTI 人格测试、盖洛普测试、DISC 测试等，但其基础范畴都是以四个象限来划分的。

我也来聊聊四种性格气质。根据多年的辅导经验，我把四种性格气质分别命名为：孔武有力型、开心果型、和平使者型和分析大师型。当然，任何一种性格气质都不能 100% 精准地概括某一个人，但是可以大致勾勒出一类人的特质。此外，人们也可以通过学习和强化做出相应调整，形成一种优势的性格气质。

孔武有力型（领袖型）的人通常主动而直接，他们喜欢做领导者而不喜欢追随，凡事要求结果导向，作风迅捷。找这样的男朋友或者女朋友要做好心理准备，对方可能会在恋爱关系中要求自己说了算，而且会嫌弃慢吞吞的人，有时候会盛气凌人，不一定擅长呵护和倾听，但是绝对可以保护你，让你觉得被引领、被庇护。

开心果型的人极为外向开朗，他们善于表达自己而且非常重视与

他人的关系。这个类型的男孩通常是又浪漫又热情，女孩则是又开心又会撒娇。他们都是社交高手，重感情、朋友多，但是要注意，他们的情绪可能不太稳定，答应你的要求可能会不算数。

和平使者型的人通常有耐心且非常谨慎，绝对是深情的"暖男""暖女"，天冷了给你送外套，天热了给你扇扇子，你胃疼了给你送热水，你郁闷了陪你聊天，但是他们不太会制造惊喜，而且做决定也很慢，可能要你主动一点。

分析大师型的人对于精确与原则性有着浓厚的关注，他们一般都很会理财，也会把生活计划得妥妥当当。但是这样的男朋友可能显得刻板，他们做事一板一眼，忙起来可能根本没时间关注你；这种类型的女朋友可能会带点忧郁气质，艺术范、小清新，有可能是"冰山美女"，不苟言笑，让你很有距离感。

附录：性格轮廓测试表与计分表 [①]

一、性格轮廓测试表

在以下各行词语中，用"√"勾选最适合的词语。不要漏掉任何题目，若你不能第一时间确定答案，也请在思考之后进行选择。

优点

1.□富于冒险精神	□适应力强	□生动	□善于分析
2.□坚持不懈	□喜好娱乐	□善于说服	□平和
3.□顺服	□自我牺牲	□善于社交	□意志坚定
4.□体贴	□善于自控	□竞争性	□让人认同

---

① 参见［美］弗洛伦斯·妮蒂雅：《性格解析》，江雅苓译，团结出版社 2012 年版，第 9—12 页。笔者做了部分更改。

5. □使人振作　　□受尊重　　　□含蓄　　　　□善于应变

6. □易满足　　　□敏感　　　　□自立　　　　□生气勃勃

7. □计划者　　　□有耐性　　　□积极　　　　□推动者

8. □肯定自己　　□无拘无束　　□时间性　　　□羞涩

9. □乐观　　　　□坦率　　　　□井井有条　　□迁就

10. □友善　　　　□忠诚　　　　□有趣　　　　□强迫性

11. □勇敢　　　　□可爱　　　　□外交能力强　□注重细节

12. □令人快乐　　□贯彻始终　　□重修养　　　□自信

13. □理想主义　　□独立　　　　□无攻击性　　□擅长激励

14. □感情外露　　□果断　　　　□有点幽默　　□深沉

15. □调节者　　　□艺术细胞　　□发起者　　　□爱交朋友

16. □考虑周到　　□执着　　　　□话多　　　　□容忍

17. □聆听者　　　□忠诚　　　　□领导者　　　□精力充沛

18. □知足　　　　□首领　　　　□用数据说话　□惹人喜爱

19. □完美主义　　□和气　　　　□勤劳　　　　□受欢迎

20. □思维跳跃　　□无畏　　　　□讲规矩　　　□平衡

缺点

1. □乏味　　　　□忸怩　　　　□露骨　　　　□专横

2. □散漫　　　　□无同情心　　□缺乏热情　　□不宽恕

3. □保留　　　　□怨恨　　　　□逆反　　　　□唠叨

4. □挑剔　　　　□胆小　　　　□健忘　　　　□率直

5. □没耐性　　　□无安全感　　□优柔寡断　　□好插嘴

6. □不受欢迎　　□不爱参与　　□难预测　　　□缺同情心

7. □固执　　　　□即兴发挥　　□难以取悦　　□犹豫不决

8. □平淡　　　　□悲观　　　　□自负　　　　□放任

9. □易怒　　　　□无目标　　　□好争吵　　　□孤芳自赏

10. □天真　　□消极　　　□鲁莽　　　□冷漠
11. □担忧　　□不善交际　□工作狂　　□喜欢获得认同
12. □过分敏感　□不圆滑老练　□胆怯　　□喋喋不休
13. □腼腆　　□生活紊乱　□跋扈　　　□抑郁
14. □缺乏毅力　□内向　　□不容忍　　□无异议
15. □杂乱无章　□情绪化　□喃喃自语　□喜操纵
16. □缓慢　　□顽固　　　□好表现　　□有戒心
17. □孤僻　　□控制欲　　□懒惰　　　□大嗓门
18. □拖延　　□多疑　　　□易怒　　　□不专注
19. □报复性　□烦躁　　　□勉强　　　□轻率
20. □妥协　　□好批评　　□狡猾　　　□善变

二、性格轮廓计分表

将性格轮廓测试表中打"√"的选项移到性格轮廓计分表中。

优点

开心果型　　孔武有力型　　分析大师型　　和平使者型

1. □生动　　□富于冒险精神　□善于分析　□适应力强
2. □喜好娱乐　□善于说服　□坚持不懈　□平和
3. □善于社交　□意志坚定　□自我牺牲　□顺服
4. □让人认同　□竞争性　　□体贴　　　□善于自控
5. □使人振作　□善于应变　□受尊重　　□含蓄
6. □生气勃勃　□自立　　　□敏感　　　□易满足
7. □推动者　　□积极　　　□计划者　　□有耐性
8. □无拘无束　□肯定自己　□时间性　　□羞涩
9. □乐观　　　□坦率　　　□井井有条　□迁就

69

10. ☐有趣	☐强迫性	☐忠诚	☐友善
11. ☐可爱	☐勇敢	☐注重细节	☐外交能力强
12. ☐令人快乐	☐自信	☐重修养	☐贯彻始终
13. ☐擅长激励	☐独立	☐理想主义	☐无攻击性
14. ☐感情外露	☐果断	☐深沉	☐有点幽默
15. ☐爱交朋友	☐发起者	☐艺术细胞	☐调节者
16. ☐话多	☐执着	☐考虑周到	☐容忍
17. ☐精力充沛	☐领导者	☐忠诚	☐聆听者
18. ☐惹人喜爱	☐首领	☐用数据说话	☐知足
19. ☐受欢迎	☐勤劳	☐完美主义	☐和气
20. ☐思维跳跃	☐无畏	☐讲规矩	☐平衡

优点总分

———————   ———————   ———————   ———————

缺点

开心果型	孔武有力型	分析大师型	和平使者型
1. ☐露骨	☐专横	☐忸怩	☐乏味
2. ☐散漫	☐无同情心	☐不宽恕	☐缺乏热情
3. ☐唠叨	☐逆反	☐怨恨	☐保留
4. ☐健忘	☐率直	☐挑剔	☐胆小
5. ☐好插嘴	☐没耐性	☐无安全感	☐优柔寡断
6. ☐难预测	☐缺同情心	☐不受欢迎	☐不爱参与
7. ☐即兴发挥	☐固执	☐难以取悦	☐犹豫不决
8. ☐放任	☐自负	☐悲观	☐平淡
9. ☐易怒	☐好争吵	☐孤芳自赏	☐无目标
10. ☐天真	☐鲁莽	☐消极	☐冷漠
11. ☐喜欢获得认同	☐工作狂	☐不善交际	☐担忧

12. □喋喋不休　　□不圆滑老练　　□过分敏感　　□胆怯

13. □生活紊乱　　□跋扈　　　　　□抑郁　　　　□腼腆

14. □缺乏毅力　　□不容忍　　　　□内向　　　　□无异议

15. □杂乱无章　　□喜操纵　　　　□情绪化　　　□喃喃自语

16. □好表现　　　□顽固　　　　　□有戒心　　　□缓慢

17. □大嗓门　　　□控制欲　　　　□孤僻　　　　□懒惰

18. □不专注　　　□易怒　　　　　□多疑　　　　□拖延

19. □烦躁　　　　□轻率　　　　　□报复性　　　□勉强

20. □善变　　　　□狡猾　　　　　□好批评　　　□妥协

缺点总分

———————　　———————　　———————　　———————

优缺点总分

———————　　———————　　———————　　———————

　　填好性格轮廓计分表后，分别将 4 列中每一列的分数相加（每个选项均为 1 分），计算优点总分和缺点总分，最后把优点、缺点两个部分的总分加起来，你就可以知道自己的大概性格类型，同时也可以知道自己的组合类型。一般而言，优点加缺点的分数超过 20 分时，就是该类型的典型性格，比如：如果你的孔武有力型的优点加缺点得分为 30 分，毫无疑问你就属于该类型；如果你的孔武有力型得分是 18 分，分析大师型得分为 16 分，其他类型得分是 6 分，那你就是孔武有力型，同时有分析大师型的倾向。

第一节

孔武有力型：我的地盘我做主，雷厉风行

[秦]项羽

力拔山兮气盖世，时不利兮骓不逝。

骓不逝兮可奈何，虞兮虞兮奈若何！

——《古乐府》中华书局 2016 年版

朋友们，我们聊聊孔武有力型（也称力量型、领袖型）。从项羽的《垓下歌》大家可以联想到孔武有力型的人的特质，他们往往有使不完的劲，勇敢冲动，有领导欲，可以成为狮子、老虎一般的领袖。这种类型的人总体上外向，从我辅导的经验来看，在人群中约占十分之一。

在情感方面，孔武有力型的人坚定果敢，干劲十足，独立自主，超级自信，他们对所坚信的事会毫不动摇地坚持到底。可是，由于他们都是以做事为导向，所以**不太会顾及别人的感受，有时候会显得粗鲁、霸道、没有耐心**。

孔武有力型的人不习惯与别人进行感情上的交流，不会恭维人，不喜欢眼泪，缺乏同情心，所以他们一般不适合做一些需要维系感情的工作，比如客服。他们的态度往往不如和平使者型的人那样平和又有耐心，他们更适合做一些有开拓性、有挑战性的工作，越难的工作越能激发出他们的潜力和斗志昂扬的状态。就像孙悟空，斩妖除魔可以，但要是去与普通人维护一下关系，还是开心果型的猪八戒更合适。

在工作方面，孔武有力型的人呈现务实和讲究效率的特点，他们组织力强，行动迅速，能迅速解决问题，果敢坚持到底，可以在反对声中成长，"虽千万人吾往矣"。这类人就算团队都反对他，他依然会坚持己见。孔武有力型的人大多是部门或公司的领袖，他们**百折不挠，不达目标誓不罢休，能忍受常人所不能忍受的痛苦，付出超过普通人的努力，具有坚强的意志力和战斗力**。但因为过于强调结果，他们往往容易忽视细节，处理问题不够细致，不太会关注下属的心情和状态，有时候团队已经人心涣散，但他们还是没有注意到。孔武有力型的人能够带动团队进步，通常都是工作狂，但也容易激起同事的反感，让人觉得他们过于霸道、不近人情，因为他们基本上都是以工作为导向，不会夹杂太多的私人情感。

在人际关系方面，孔武有力型的人喜欢为别人做主，虽然这样能够帮助别人做出选择，但也容易让人有强迫感，所以通常会让人感觉气场很强，但亲和力不足。由于非常关注自己的目标，该类型的人在乎的是别人的可利用价值，喜欢命令别人，不会说"对不起"，所以你不要指望孔武有力型的人道歉，他们顶多是把自己的态度转变得稍微和蔼一些，用低姿态表明他知道错了。

描述孔武有力型的人的词语有这些：**积极进取、争强好胜、强势、爱追根究底、直截了当、主动的开拓者、坚持己见、自信、直率**等。

孔武有力型的人的优势：孔武有力型的人做事以目标为导向，能快速达成目标，追求开拓改变。他们是团队中的开拓者，带领团队不会畏缩不前。如果做销售工作，会开拓出一片新市场；如果是社团负责人，会带领大家一直向前冲，开展很多新的领域。他们非常好胜，所以不要直接挑战这类人，他们一旦遇见挑战就会予以还击，激将法对这类人挺管用。

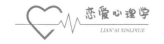

孔武有力型的人工作能力强。孙悟空就是这类人，降妖除魔手段一流，但是要想让他服从你，必须要有紧箍咒才行。他们很有领导魅力，习惯性处于班长、学生会主席、董事长一类的领导位置。

孔武有力型的人的劣势：孔武有力型的人有时候动作会太快，俗话说"杀鸡给猴看"，结果他们连鸡带猴一起杀了。就像《三国演义》中的"莽张飞"一样，听说督邮欺负了大哥刘备，张飞的动作真够快，滚身下马，拨开守卫，冲进大厅，揪住督邮头发，将他扯出馆驿，拖到县衙，动作干净利落，一气呵成。督邮甚至还没来得及说一句话，就已经被绑在拴马桩上。张飞随即折下路边柳条，抡起来就是一顿猛抽，竟然一连打折了十几根柳条。结果给刘备惹了大麻烦。

同时孔武有力型的人缺乏耐心，抗拒批评，很少承认自己的错误，也没耐心聆听别人的想法。如果你想找个人倾诉一下，最好要有知人之明，孔武有力型的人根本没兴趣听你讲心事，只会觉得你磨磨叽叽说个没完，最好去找和平使者型的人倾诉。在工作上，这类人有可能极其严厉，甚至有人会偷偷骂他们"没人性"，因为他们只关注工作的效果，不太关注工作的难度和过程，不太会体谅人。大家知道《三国演义》中的张飞的结局，为了给关羽报仇，张飞让自己的手下范疆、张达在三天内打造好全军的白旗、白甲，可是两个人根本做不到，便向张飞请求宽限时间，结果遭到张飞的怒斥，每人还被打了五十鞭子。这两个人寻思着反正做不出白旗、白甲是死，被张飞打也是死，所以就趁张飞喝醉先把他杀了。

对于拥有孔武有力型性格特质的人，我有一些建议，可以使其在学习、生活、工作中少"踩雷"：

（一）多培养倾听的能力，提升耐性。

（二）谦虚一些，要学会感谢别人的支持与配合，提升团队精神，不要总是单打独斗。

（三）要学会采纳谏言，多听听别人的意见，避免一意孤行。

（四）多关心身边的人，尤其要多陪陪家人，不要因为工作忘了家。

（五）定期做健康检查，避免超负荷工作，要学会控制情绪、及时休息。

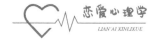

第三节

开心果型：天生擅长搞笑，请看我欢乐的眼神

《感怀》

[明]唐寅

不炼金丹不坐禅，饥来吃饭倦来眠。

生涯画笔兼诗笔，踪迹花边与柳边。

镜里形骸春共老，灯前夫妇月同圆。

万场快乐千场醉，世上闲人地上仙。

——《唐伯虎集笺注》中华书局 2020 年版

唐伯虎在诗句中展现了他沉醉欢场、自在快乐的生活场景，可以说他的性格气质就是开心果型，又叫活泼型、影响型。电影《长安三万里》中的李白也是这种类型的典型，他们对酒当歌、放浪形骸、飘逸自由，颇具影响力。这类人通常是较为活泼的团队活动组织者，情感丰富而外露，在人群当中通常会成为大家的开心果，在辅导中，我发现他们在人群中约占十分之一。由于开心果型的人性格活跃，擅长表达，幽默，爱讲故事，讲述故事时声调高低起伏，特别能抓住听众，他们常常是聚会的中心人物。开心果型的人很像孔雀，喜欢给大家开屏展示，是一个天才的演员，激情四射。

开心果型的人喜欢送礼和接受礼物，看重人缘，所以跟他们做朋友要多准备一点礼物，当你出其不意地给他们送礼物时，他们会超级开心。他们知道哪里有好玩的、好吃的，也擅长组织大家一起吃喝玩乐。所以开心果型的人的微信朋友圈，很多都是在享受美食、享受美景、享受爱情时拍的。情绪化的特点使得他们容易兴奋，他们有时候喜欢吹牛，特别有童真。在工作方面，**开心果型的人是热情的推动者，总有新主意，想法丰富，说干就干，能够鼓励和带领他人一起积极投入工作**。可是，开心果型的人容易被情绪左右，想到哪儿就说到哪儿，而且说得多干得少，遇到困难容易失去信心，爱走神，爱找借口，喜欢轻松友好的环境，非常关注好不好玩、有没有趣味。

在人际关系方面，开心果型的人是社交"牛人"，朋友多，而且非常有爱心，愿意关心朋友。只要有开心果型的人参与，无论是在饭桌上还是在晚会上就都不会冷场，他就像花蝴蝶一样穿梭在大家中间，总能让大家开心愉快。开心果型的人特别爱当主角，会以自己为中心引导大家的谈话内容。他们喜欢身体接触，喜欢拍一拍、抱一抱，喜欢勾肩搭背。

开心果型的人在描述事件时会声情并茂，比如我身边一位开心果型的人在描述某人做的饭真好吃时，他一边讲一边演示，口若悬河，特别讲了吃完饭后要舔盘子的细节，他享受的表情和赞许的眼神特别引人入胜。但是开心果型的人会忘记时间，讲个没完没了。而且开心果型的人也不擅长保守秘密，喜欢交流秘密，如果你把你的秘密讲给他听，到了第二天，大概你身边所有的朋友就都知道这个秘密了。开心果型的人又特别健忘，经常丢三落四，找不到东西。我看到过身边一对开心果型的夫妻，经常到处吃喝玩乐，每天都很开心，但是吵起架来也是惊天动地、两败俱伤。

描述开心果型的人的词语有这些：**快乐天使、故事大王、多姿多彩、晚会的灵魂、舞台的中心、好奇善变、善于交友**等。

开心果型的人的优势：开心果型的人是好的沟通者，喜与人接触，经常可以通过三言两语就跟人建立关系。在《西游记》中，每次

需要与人搭讪，唐僧都安排开心果型的猪八戒，他嘴甜腿快，受人欢迎，特别容易被接纳。而且开心果型的人特别搞笑，可以自嘲带动气氛，尤其在饭桌上，当一群互不认识的人都有点不好意思时，他们很快就可以打开局面，让大家不断有新话题可以聊。

开心果型的人通常比较有个人魅力，善于展示个人能力，做事情会形成一定影响力。以关羽为例，大家知道关羽在《三国演义》中比较特别，制造了很多传说，如"过五关斩六将""千里走单骑""单刀赴会""水淹七军"等，其中有一个故事很有趣，叫作"温酒斩华雄"，原著中描写得非常精彩。华雄是名将，武力很高，如果是孔武有力型的人，比如张飞，斩个人一点不啰唆，出门喊里咔嚓就砍完了。但是关羽不一样，他对曹操说："末将愿意去斩杀华雄。"曹操就说："英雄慢走，先喝了这杯酒！"关羽说："且慢，酒先放在那儿，等我杀完华雄回来再喝！"结果军营外面地动山摇，关羽提着华雄的头回来的时候，酒还没有凉，依然温热，于是就留下了"温酒斩华雄"的千古佳话。

开心果型的人的劣势：开心果型的人很难专心，不太能够专注在一件事上。以管宁割席的故事为例，管宁和华歆同在园中锄草，看见地上有一块金子，管宁不为所动，华歆则分心拾起金子。两个人坐在同一张席子上读书，看到香车华服的人从门前经过，管宁还像原来一样读书，华歆却放下书出去观看。这华歆便是典型的开心果型的人。**开心果型的人专注度一般都不高，讲话容易天马行空，所以要帮他们控制时间。**

开心果型的人有时话太多，或谈的都是自己，容易以自我为中心。我们来看看《三国演义》中关羽的故事。当时刘备攻益州时，马超立下大功，这让关羽很不开心，关羽心想：我是"美髯公"，马超号称"锦马超"，咱俩到底谁厉害，得打一架比试一下。这就是开心果型的人冲动的一面。但诸葛亮把关羽拿捏得死死的，他给关羽写了一封信，信上说：马超虽然勇武，但是智谋不算高，怎及你美髯公超群绝伦！关羽一听这个赞美特别开心，直接把这封信抄送给各个大营传阅了一遍。

开心果型的人容易因人废事，过度注重个人的感觉，容易骄傲，情绪不太稳定。关羽听说黄忠也是五虎上将，不服气的劲又来了，黄忠是老兵啊，有啥资格跟我并列？他想放弃镇守荆州，找刘备说理，这时候又是诸葛亮安排费诗安抚，大概的意思是：您跟刘备不分彼此，江山都是您的，您还计较这个，显得格局不够啊！这些话一下子把开心果型的人的情绪的人稳定下来了，既肯定了关羽的功劳又赞美了他的地位，抓住了开心果型的人容易沟通的特点。所以，**开心果型的人的缺点主要在于易冲动、因人废事、情绪化等问题**。[1]

跟开心果型的人相处要注意以下几点：

（一）别让开心果型的人去做强调精准与精确的事，他们没那个耐心。

（二）对开心果型的人要强调时间，要及时肯定其能力，多加赞美。在工作当中，要让他有时间去交际，让他感觉到好玩有趣，鲜花、音乐、美食都能让其充满活力。

（三）针对开心果型的人容易分心的问题，要训练其独立思考的能力，提升其专注力。和开心果型的人沟通重要的事情时，要以书面形式予以确认，因为他们有可能说到但做不到。针对他们讲话时常跑题的问题，可以这样说："您说的这一点确实十分关键，正好引入咱们下一个话题。"

（四）要让开心果型的人尽量少受情绪影响，不要因人废事。

---

[1] 李海峰：《DISCOVER 自我探索》，电子工业出版社 2014 年版，第 104—108 页。

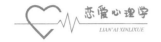

第四节

和平使者型：和和气气，不擅长拒绝别人

《饮酒（其五）》

[东晋]陶渊明

结庐在人境，而无车马喧。

问君何能尔？心远地自偏。

采菊东篱下，悠然见南山。

山气日夕佳，飞鸟相与还。

此中有真意，欲辨已忘言。

——《陶渊明集笺注》中华书局 2003 年版

在陶渊明的这首诗中，我们读到了恬淡悠然、温暖平静、舒坦和谐的感觉，陶渊明就是和平使者型，这种类型的人通常较为平和，知足常乐。我在辅导中发现他们约占人群的三分之一。和平使者型的人在小时候一般都是乖孩子，很顺从父母的话，不太会惹事，但在很多事情上没有自己的想法，容易随波逐流、人云亦云。他们就像考拉，与世无争，眼神温和，仿佛在说："我只管安静啃树叶，世界与我何干？"

在情感方面，和平使者型的人是温和主义者，日子过得悠闲，不像孔武有力型和开心果型的人那么风风火火，他们经常会说"不要着急，该来的总会来的"这样类似的话。**和平使者型的人有耐心，感情内敛，待人和蔼，乐于倾听**，所以大家都愿意和这个类型的人做朋友，他们是非常好的倾听者。如果失恋了，去跟谁倾诉？去跟孔武有力型的人说，他们根本没耐心听，也许会说："你这点小事算什么，失恋了再找一个不就完了？"去跟开心果型的人说，开心果型的人也许会说："你失恋啦，我好心疼你，我跟你讲讲我失恋的心路历程吧。"于是话题从你的痛苦变成了他的故事。去跟分析大师型的人说，是个不错的选择，他能帮你出主意，冷静地帮你分析，但是他可能不会体谅你的感受，可能会说："你怎么那么傻，我早就跟你说你找的人不靠谱，你还不听我的，你看现在还是分手了吧。"**如果你去跟和平使者型的人倾诉，他会从头到尾地倾听，体谅你的痛楚，还会带着忧伤陪你一起流泪，总之和平使者型的人是很好的倾听对象。**和平使者型的人遇事冷静，随遇而安。但是这个特点也使得和平使者型的人易缺乏热情，不愿改变，很难做开拓性的工作。

在工作方面，和平使者型的人能够按部就班管理事务，并能够持之以恒，非常忠诚，如果公司遇到风浪，他们会不离不弃。但和平使者型的人习惯避免冲突，如果让他们在人力资源部门负责裁员，那绝对是个挑战。孔武有力型的人可能会直接说："你这干的什么活？能力这么弱，赶紧滚蛋！"直接把人批得体无完肤、狼狈不堪。而对和平使者型的人来说，最难的就是提要求和拒绝，他们也许会说："某某啊，你记得你刚来的那天吗？你妈妈身体还好吧？你工作累不累啊？"结果绕了半天也没好意思讲出来要裁员，因为和平使者型的人害怕破坏关系，不想发生冲突。**和平使者型的人通常慢吞吞的，很难被鼓动，有点得过且过。**由于**害怕承担风险和责任**，他们宁愿站在一边旁观，他们大部分人都是参与者，不会做领导者和推动者，会有从众心理。

在人际关系方面，和平使者型的人容易相处，但有时候会成为"好好先生""好好女士"，喜欢观察人、琢磨人，但是不太会拒绝人。

比如别人让他们帮忙，他们虽然自己手里有工作，但还是不愿意拒绝别人。有部电视剧叫作《便利贴女孩》，女主角就是和平使者型的人。大家会在女主角身上贴便利贴，让她帮着买咖啡、复印、跑腿。女主角虽然在这个公司已经是资深员工，但仍然不好意思拒绝新人的要求。

描述和平使者型的人的词语有这些：**和谐的使者、低调平和、有耐心、乐天知命、安于现状、面面俱到、仁慈宽容、善于倾听**等。

和平使者型的人的优点：和平使者型的人非常忠诚，重承诺，值得托付，有很好的稳定性，重视家庭和团队，很有耐心。在《三国演义》中，刘备非常体贴，常常用哭来表达感情，每次分离要哭，伤心要哭，忧国忧民要哭，刘备的这种温情也确实感动了很多人。有一位有名的谋士叫徐庶，本来跟随刘备，但因为母亲被曹操抓走，不得已只好辅佐曹操。徐庶来跟刘备道别时，刘备没有强留他，只是说咱们再聚一天吧，结果两个人都哭了。有人劝刘备杀了徐庶以绝后患，刘备说这是不仁不义，然后刘、徐两个人又继续边哭边聊。刘备亲自把徐庶送到城外，把徐庶感动得当场发誓，坚决不给曹操出计谋，留下了"徐庶进曹营——一言不发"的典故。后来徐庶出发后，刘备一边哭一边跟随从说："快把树砍了，因为它们挡住了我看徐元直的视线！"徐庶实在太感动了，折返后两个人又哭了一场，结果徐庶就给刘备推荐了诸葛亮。大家可以看到，刘备把以情动人这点发挥到了极致。和平使者型的人的特点就是以情动人，用温暖的爱来感化人，用体贴的心来招聚人。

和平使者型的人的缺点也比较明显，首先，**和平使者型的人不容易做决定，也不擅长拒绝别人。**《倚天屠龙记》的主角张无忌深得四位女孩的垂青，但是他又实在难以取舍，哪个都不好意思拒绝，哪个都舍不得放弃。小说中，张无忌做了一个梦，梦里面把赵敏、周芷若、小昭、殷离四个女孩都娶了，这回哪个都不用拒绝了。其次，**和平使者型的人害怕冒风险，也不太喜欢表达意见**。这一点在点菜时有很明显的体现，和平使者型的人点菜时很痛苦，不知道点啥，可能看了菜谱半天，最后又把菜谱丢给你说："我吃什么都行，还是你看着点吧！"你若问他想吃什么，他通常回答："随便！"

开会时，应该让谁先发言？如果让孔武有力型的人先说，他会说："别磨叽了，我直接拍板了，我看就这么定了吧，散会！"如果让开心果型的人先发言，可能这个会开一天，他也说不完。如果让分析大师型的人做总结，则非常合适。而会议过程中，和平使者型的人可能一直在"摸鱼"，只会不停地点头，因为他不好意思表达观点和意见。所以，在会议上要让和平使者型的人先讲，鼓励他们多表态，如果不给他们发言的机会，那么他们心中的想法就无从被人知晓，完全被忽略了。

跟和平使者型的人相处，要注意下面几点：

（一）要创造友好的环境氛围，减轻他们的戒心，讲话时放慢语速，面带微笑，亲切友好，避免过于正式的方式。

（二）多聊聊亲情、友情等方面的话题，这对和平使者型的人有吸引力。

（三）鼓励他们多发表看法，避免批评、挑战或催促。

（四）要多了解他们内心的渴望，让他们不必背负别人的情绪与责任。

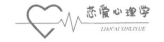
第五节

分析大师型：葬花、出奇谋，用数据说话

《竹里馆》

[唐] 王维

独坐幽篁里，弹琴复长啸。

深林人不知，明月来相照。

——《王维集校注》中华书局 1997 年版

王维的这首诗用短短的四句话就把贤人隐士离群索居、独居山林、泰然自处的情境描写了出来。分析大师型的人通常是喜欢追求完美的专业型人才，我在辅导中发现他们一般在人群中占四分之一，他们有点像漫画中的猫头鹰博士，思维深邃、颖悟睿智，但又喜欢独来独往，情感内敛，王维就是这种类型的代表。

在情感方面，分析大师型的人性格深沉，严肃认真，目的性强，非常善于分析，所以找这类人做参谋最合适。**如果在恋爱中你觉得困惑，想找人指点迷津，那么这类人肯定会给你最好的建议**，他们会帮你分析前因后果，做未来取舍，且切中要害，但是如果你没有接受他们的建议，那么最好下次不要就同一个事情再次咨询，因为他们没有那么好的耐性。而且分析大师型的人记忆力特别好，如果你上次没有重视他的建议，这次又来找他，通常他会说："我的建议没什么用，你不要来找我了。"如果你说："怎么没用啊？我都听了啊！"他会说："可我上次给你提的建议你都没采纳。"直接怼得你无话可说。

分析大师型的人愿意**思考人生与工作的意义，追求完美，有些理想主义**。假如这四种类型的人摔倒了，孔武有力型的人会说："摔倒了算什么，起来再战！"开心果型的人会问："你看我摔倒的姿势帅不帅啊？"至于和平使者型的人，他们可能会想：在哪儿摔倒了咱们就在哪儿躺会，反正起来还会摔倒。而分析大师型的人会觉得，摔倒了是思考人生的机会："我摔倒了，我在人生中会不会也摔倒？生存或死亡，这是一个问题。"

分析大师型的人总是**易记住负面的回忆，习惯活在过去的世界中，对于过去发生的事耿耿于怀，不容易从过去走出来**，尤其对自己过去曾经犯过的错误更是常常悔恨，易情绪低落，有时会过度自我反省，甚至自我贬低，以至于离群索居。从心理学上讲，当一个人不放过自己，经常对过去的事情进行思维反刍的时候，他通常就会有忧郁倾向。《红楼梦》中，林黛玉看到花瓣落下，不由心中感伤，一边拿锄头葬花，一边发出了"侬今葬花人笑痴，他年葬侬知是谁？"的感叹。但这也是这一类型人的迷人之处。开心果型的人看到居然有人可以如此具有艺术范、浪漫气息，立刻就会被吸引得难以自拔。所以当看到林黛玉葬花，贾宝玉立马就加入葬花行列，两个人一边葬花一边哭，一个是感春伤秋，一个是被深深吸引，一场轰轰烈烈的爱情就此上演。

在工作方面，分析大师型的人呈**现出完美主义的特点，高标准、严要求，不只对别人要求高，对自己要求也高，做事很讲究计划**。如果遇见这样的领导，一方面他可以提升你的工作水准，但另一方面你也会觉得碰到一个特别挑剔的人，而且有时候挑剔还不明说。有一位分析大师型的领导推行"光盘行动"，他的做法很有趣，制定标准之后，他也不会天天批评下属，而是自己先"光盘"，每天把盘子吃得干干净净，然后在一边观察，看谁没有"光盘"。一开始大家没注意，

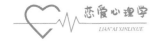
后来几次之后，大家也都不好意思不"光盘"了。

分析大师型的人的计划性很强，很有条理，能够发现问题并制订解决问题的方案。例如，买东西需要砍价时，你们会找哪位朋友？找孔武有力型的人，他们可能想速战速决，心不在焉，或者急于求成，若对方坚决不卖，就放弃了。找开心果型的人，他可能会劝你："这么漂亮的衣服，还砍什么价，赶紧下单吧！"和平使者型的人根本没想过还能砍价。而分析大师型的人通常是砍价高手，他会分析市场整体走向，判断衣服的质地色彩，最后做出精准判断，而且会抓住对方的心理弱势，就像一名刀客，出刀稳、准、狠，坚持己见，务求达成目的，往往最后能拿到最低价。

分析大师型的人习惯于收集信息资料和做分析，在工作中特别喜欢图表和清单，讲究用数据说话，但这可能导致他成为一个优柔寡断的人，因为他要反复确认可行性。这一点跟和平使者型的人不大一样，和平使者型的人优柔寡断是因为不着急、慢性子，或者易拖延，而分析大师型的人却有可能是一直在做计划和分析，结果很难投入实际工作，导致不能迅速地做决定。另外，分析大师型的人在工作中容易自我否定，因为手里掌握的分析数据太多，千头万绪，反倒不敢做最后的判断，因此需要别人的认同。

在人际关系方面，分析大师型的人一方面在寻找理想伙伴，另一方面却交友谨慎。分析大师型的人一般朋友不多，对朋友也很挑剔，**他们深谋远虑，能够更深切地关怀他人，一旦选中朋友，就有可能和对方成为终身挚友**。而且分析大师型的人善于未雨绸缪，一般都很善于理财。但分析大师型的人似乎始终有一种不安全感，以致感情内向、退缩，容易怀疑别人，不大相信别人的能力。同时，也习惯于挑剔别人，不能忍受别人的工作做不好，在同事关系上有可能会比较紧张。

描述分析大师型的人的词语有这些：**思想的巨人、做事严谨、在乎细节、多愁善感、善于规划、严肃认真、干净整洁、善于理财、艺术天赋、内向**等。

分析大师型的人的优点：分析大师型的人尽忠职守，遵守规定，不会轻易破坏规矩，追求卓越，能深入问题核心，思虑周密，计划性强，非常自律，善于自省，通常不会被情绪影响工作任务。

分析大师型的人的缺点：分析大师型的人过度追求完美，所以自我压力大，会比较辛苦。《三国演义》中的诸葛亮并不是因为计谋不足使蜀国失败，他非常聪明，未出茅庐就已经明了天下形势，出山时他刚二十七岁，去世的时候也只有五十四岁。他过度追求完美，对下属都不放心，鞠躬尽瘁，事必躬亲，早起晚睡，过度专注小细节，二十棍子以上的责罚都要亲自过问。司马懿猜测诸葛亮吃得很少，过分劳累，活不长，果然诸葛亮寿命不长。

与分析大师型的人相处，要注意以下几个方面：

（一）一开始接触时，不要过于友好和随便，他们的警惕性很高。

（二）他们喜欢按程序办事，愿意听事实，所以沟通前最好提前预约或者进行书面通知，并将议题罗列出来，备好书面资料，并配以数据、图表等，记住不要迟到。

（三）沟通前最好给他们准备的时间，他们不喜欢仓促行事。

（四）若他们欠缺主动与热情，别太在意，他们有可能是外冷内热。

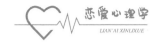

第六节
性格气质与恋爱相处案例

《行路难（其二）》

[唐] 贺兰进明

君不见云中月，暂盈还复缺。

君不见林下风，声远意难穷。

亲故平生或聚散，欢娱未尽尊酒空。

叹息青青陵上柏，岁寒能有几人同。

——《唐诗品汇》中华书局 2015 年版

这首诗从侧面描述了人际交往的不易，盼望人与人结交能有始有终。前文我们分析了孔武有力型、开心果型、和平使者型、分析大师型四种性格气质的总体特征和优缺点，以及如何与四种性格气质的人相处。本节，我们来聊聊与不同性格气质的恋人相处时容易出现的问题和解决方法。

一、不同性格气质的恋人的约会

不同性格气质的人在第一次约会的地点选择上表现得大相径庭，大家可以通过以下案例，看一看他们的恋爱风格。

（一）孔武有力型

M 同学："我是孔武有力型，我会将第一次约会的地点选择在餐厅。在餐厅约会，可以交流两个人的饮食习惯，一起品鉴美食，增加共同话题。吃完饭后，刚好肚子撑撑的，需要稍稍活动一下，可以一起踩踩马路，逛逛街，顺便路上买点小吃，两个人一起吃，增加亲密度。如果可以的话，我希望能够带她回到我的家乡，把我认识她之前所有成长的痕迹都毫无保留地交给她。我会告诉她我的家在哪儿，让她知道这里会是她永远的避风港；我会带她参观我的幼儿园、小学、初中，让她知道学生时代的我是多么幼稚和天真；我会带她参观我的高中，跟她讲讲我的第一段恋情，告诉她我是多么珍惜如今的感情；我还会带着她见我的朋友、父母，让她知道我难过时会去哪里发泄，开心时去哪里庆祝。总之，我会将我的一切都告诉她。"

点评：孔武有力型的人在选择约会地点时一般不会那么浪漫，通常目标明确直接、简洁明快，以完成任务为导向。对于他们而言，约会就是为了增加亲密感，就是让你知道我的一切，最好可以一气呵成，直接达成目标，别浪费时间！

（二）和平使者型

H同学："第一次约会会去爬山。在两个人彼此都不太熟悉的情况下，没有话题会很尴尬，在爬山的途中，两人会有共同的目标——登顶。"

J同学："第一次约会会选择去电影院。因为第一次约会的两个人，通常缺乏足够的了解，不能准确地把握对方的爱好，但是去看电影一般不会出错，而且看电影能给双方带来很好的话题，在看电影的途中探讨剧情，就避免了初次约会的局促和没有话题聊的尴尬，这样聊着聊着就会出现更多的话题，也有助于营造气氛。"

B同学："我不是很懂浪漫，也没有什么约会经历，我会更倾向于让对方选择约会的地点。但如果非要让我选，我可能会选择带她去

自驾游。在路上可以畅所欲言，路边的风景也只属于我们两个人，遇见任何美丽的风景，都能随时停下慢慢欣赏，而且时间也是只属于我们两个人的。到了晚上，去一片空旷无人的草地，搭起帐篷，点起篝火，仰望星空，互相依偎，无所不谈……"

点评：和平使者型的人性格内敛又含蓄，**他们不想要太尴尬的约会，不想有突然袭击的感觉，最好是水到渠成、没有压力，喜欢两个人单独相处的时光。**

（三）分析大师型

Q同学："第一次约会要去主题游乐园，例如迪士尼、欢乐谷这样的地方。第一，我认为接触跟交流是约会比较重要的目的。毕竟是第一次，肯定是比较拘束的，如果一起去看电影，全程安静沉默，那双方的互动不是很多。而如果去主题乐园，那就可以一起玩，感受有童趣的旋转木马、刺激的过山车、浪漫的旋转秋千等，并且玩的时候可以促进感情的升温！第二，游乐园也是人流比较多的场所，我们或多或少会与周围的人发生联系，我很喜欢这种与陌生人的善意沟通。另外，游乐园中的新鲜事物会比较多，在这种状态下，可以引出的话题会比较多，不至于出现尬聊的情况，这样双方的约会体验会好一些。第三，是因为我自己比较想去游乐园。应该没有哪个女孩子不想去迪士尼的吧？跟恋人去游乐园也是一件很值得纪念的事情，外加我是一个比较喜欢记录生活的人。而且出去玩也能看出对方是否会安排好行程，可以体现两个人解决问题的方式，看看能否做到步调一致。"

P同学："如果让我安排与恋人的第一次约会，我会选择去电影院。第一，看电影比较轻松，能愉悦心情，并且双方既能享受独处时间，也不会很累；第二，电影院座位挨得比较近，容易拉近彼此的距离；第三，看电影成本比较低，不用花费太多钱；第四，电影院氛围比较好，并且具有一定的仪式感；第五，第一次约会双方不知道聊些什么，看电影可以缓解尴尬气氛，增加聊天话题，可以聊电影剧情、演员演技等，也可以顺便了解对方在这方面的喜好。"

点评：分析大帅型的人处处都要分析，**选择约会地点也要经过细致的分析，找到充足的理由，并且可以列出详细的策划方案，保证万无一失**。要是出现意外状况，他们会怎么办？你太小看他们的策划能力了，这种情况基本不可能出现。

（四）开心果型

V 同学："其实约会没有固定的形式，主要取决于对方的喜好。首先，约会可以从午饭开始，就选她这几天最常和我提起的东西，比如她最近想吃的火锅或烤肉，得先满足女孩子对美食的期待。下午的约会地点，我更倾向于西溪湿地、青山湖水上森林这些环境比较好的、适合拍照的地方。不管是学业还是工作，都已经让人很苦恼了，我们需要一个安静的地方去打卡，拍拍照片放松放松。晚上吃晚饭的环节，我一般更倾向于环境比较舒适的西餐厅，或者比较浪漫的摩天轮餐厅。逛完之后，可以去找一找夜市或者小吃街——因为很多时候西餐吃不饱。最后，这一天的约会以一束花结束。"

S 同学："如果不考虑环境限制，我会选择去海边露营，吹着海风、看着星星、吃着烧烤。因为我们两个人都很喜欢看海，而且在海边很浪漫。"

点评：**开心果型的人的约会一定离不开浪漫**。玩得不 high 怎么约会？不玩点刺激的怎么来电？总之，他们的约会一定很精彩，他们会适当地给对方准备小惊喜。

二、各种性格气质类型的恋爱组合与相处之道

（一）开心果型 VS 分析大师型

有一对夫妻，他们是开心果型和分析大师型的组合，女生是活泼的孔雀，而男生是郁郁的猫头鹰，他们在恋爱中是典型的女生主动、男生被动。女生非常欣赏男生的细致、稳重和幽默。他们在一次大型的聚会中认识，当时女生是聚会的中心人物，跟很多人互动，长得也很漂亮，但她在人群中发现了一个言语不多、颇有艺术气息的男生，聊了几句之后，发现这个男生毕业于美术学院。在两个人的聊天过程中，男生手里恰好有纸笔，就用几笔勾勒出女生的素描形象，给女生留下了很好的印象，感觉从那一刻起，缘分已经开始了。

在恋爱之初，女生的率性活泼、热情开朗启动了两个人的爱情按钮，而男生的包容体贴、细致严谨让女生颇为欣赏，两人一起相处也很开心愉快。但是相处久了之后，矛盾开始不断增加。两人在同一个大型社团，都承担了各自的部门工作，女生热情开朗，总是喜欢跟不同的人互动，再加上开心果型的人朋友很多，这就让分析大师型的男生产生了危机意识，有点吃醋："你的朋友那么多，而且还经常没完没了地聊天。你到底把我放在了什么位置？"

分型大师型的男生喜欢独处，有时候让人感觉有点闷，虽然也会时不时制造点小浪漫，但是总体上内心世界很丰富，不太愿意跟人有更多的交流，这样的情形令开心果型的女生也很不适应："你怎么又不说话了，你是不是生气了，你怎么又不开心了？"特别是在吵架的时候，分析大师型的人最擅长"冷战"，男生越"冷战"，开心果型的女生越是受不了，好像拳击手一拳打在了棉花上，特别难受，完全找不到吵架的快感。结果女生越吵越凶，男生却越发觉得对方不可理喻。两个人吵架真是惊天动地，让人心有余悸。有时候女生"啪"地一下狠狠地摔了车门，大声喊道："今天必须离婚！"男生就低沉地说："就按你说的做。"要是女生气势汹汹地大喊，男生也不作声，甚至不正眼看对方，随即引发争吵大战。

开心果型和分析大师型本来反差就比较大，**这两种性格气质的人会因为差异而相互吸引，但也需要情感经营，若要长久维系感情，两人都需要一个漫长的成长过程。**

（二）孔武有力型 VS 和平使者型

孔武有力型和和平使者型也是一对有冲突的性格气质类型。**孔武有力型的人做事又急又快，一般也不大会体贴人心，而和平使者型的人行事又慢又稳，还特别会照顾人。**

有一对夫妻，丈夫是孔武有力型，妻子是和平使者型，他们的组合优势在于：妻子是贤内助，是很好的支持者，而丈夫忙于工作，家里全靠和平使者型的妻子照顾，让他没有后顾之忧，可以奋勇向前；而丈夫的努力拼搏也给家庭经济提供了很好的保障，如果有人敢欺负妻子，孔武有力型的丈夫第一时间就不会放过对方，一定会给妻子安全感。

但是他们也有分歧，比如孔武有力型的丈夫特别注重工作，基本上顾不上家庭。人都需要被呵护，当和平使者型的妻子生病时，丈夫就很难让妻子满意，因为他放不下手里的工作。虽然他也会照顾妻子，但是一旦工作来了，他的下意识反应就是要做好工作，这会让妻子觉得自己不够受重视，不够被理解支持。而且和平使者型的人的重心就是家庭，并不是特别在意工作上的成就。这导致两个人产生冲突和分歧，在生活中的小摩擦也很多。和平使者型的妻子通常不太有时间观念，容易拖延，而孔武有力型的丈夫是急性子。在我辅导的过程中，这对夫妻分享了一个例子：有一次两个人一起去参加活动，丈夫

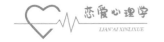

特别着急出门，一开始他还带着涵养和包容催促，结果妻子拖了将近一个小时，丈夫一边抱怨一边出门，越想越气，看见红灯一脚油门就踩了下去，直接闯了红灯。

（三）其他性格气质的组合

下面我简单聊聊其他性格气质的组合。比如开心果型的人遇见开心果型的人，这类恋人组合就很有意思，两个人都是开心得不得了，浪漫得一塌糊涂，吃喝玩乐是他们的日常生活，制造惊喜是彼此的生活方式，但是吵起架来也是惊天动地，可以不管不顾、轰轰烈烈。我建议这样的恋人组合别被感觉冲昏头脑，凡事要考虑周详；两个人要有短、中、长期的理财计划，要常常关心自己的财务状况，否则可能成为"月光族"；彼此要多讲讲心灵深处的感受，免得关系流于表面；切忌在争吵时试图去压过对方，最后会连面子与里子都没有了；因为两个人的朋友都比较多，所以不要过度指责或批评对方的社交活动或朋友；不要过度重视生活的享受与玩乐，而忽略精神层面上的滋养。

如果两个和平使者型的人谈恋爱，那就是和谐恋人的代表。两个人都崇尚随遇而安，都很重视家庭，享受家庭的温暖，都不是热爱喧哗的人，在一起逛逛超市、买点家居用品就会感到很快乐，都喜欢研究在家如何吃饭，"宅"在家里就很满足，都不是很冲动的人，都比较容易满足。我建议他们做事要有计划性，不能太随意，注意时间管理，不要懒惰；两个人要保持各自的独立立场，否则家庭遇到问题时很难做决定；同时，因为两个人都特别关注对方的感受，容易因过度关注而导致相处比较累，你猜我的心思，我猜你的心思，就是不肯直接说出来，所以要避免因过度承担对方的情绪而耗费精力。

如果两个分析大师型的人相遇，那两个人就是最务实的组合。这两个人可能都是学霸，也有可能都在做研究工作，均有自己的事业，均不擅长处理人际关系，喜欢在家里或者办公室里做深入研究，平时一般不大容易像开心果型的人那样叽叽喳喳聊个不停，而是喜欢阅读和分享信息。有的情侣都不想说话时，甚至就互发微信来传递信息。我建议这样的恋人组合最好走到户外，一起旅行，不要总逼迫自己，两个人可以看点轻松一些的电影或戏剧来增加生活情趣，因为两个人都是分析高手，建议多采取实际的作为，避免空谈；要多扩展生活圈，多与人交往，多与人交流；切忌互相挑剔，又不接受彼此的批评，要避免"冷战"起来就互不说话的情况，否则两个人一起钻了牛角尖，就始终困在其中。

不同性格气质类型的组合还有很多，无法一一分析，暂时聊到这里，大家可以琢磨一下自己的行事风格以及与爱人的相处模式。同时我要告诫大家，性格气质并非一成不变，每个人都处在不断的成长过程中，不要给人贴标签。每个人都会成长，要用发展的眼光看人。恋人之间要彼此扶持，而不是彼此挑剔嫌弃。

推荐阅读

1. [加]克里斯多福·孟：《亲密关系：通往灵魂的桥梁》，张德芬、余蕙玲译，湖南文艺出版社 2015 年版。

推荐理由：这是一本深刻的爱情著作，作者把亲密关系的过程分为四个阶段：绚丽、幻灭、内省和启示。我们通常会把从小到大对于爱的缺失，投射在爱情这段最亲密的关系中。爱情是一面镜子，可以照出我们心底最深的需要。

2. [美]弗洛伦斯·妮蒂雅：《性格解析》，江雅苓译，团结出版社 2012 年版。

推荐理由：各种性格、气质测试多以四个维度为基础，胆汁质、黏液质、抑郁质、多血质一直是我们划分人的气质类型的基本理路。这本书为读者提供了一个了解自己、认识他人的工具。

3. [美]伊莎贝尔·迈尔斯、彼得·迈尔斯：《天生不同：人格类型识别和潜能开发》，闫冠男译，人民邮电出版社 2016 年版。

推荐理由：MBTI（Myers Briggs Type Indicator，迈尔斯类型指标）性格测试是时下最热门的测试方式之一，这本书即是 MBTI 性格理论的开山之作。书中提到："人与人之间存在的那些看似偶然的差异其实是必然的。这些个体差异是基于特定事实而出现的合理结果，是个体内部心理功能差异的外在表现。"小伙伴们可以各取所需，做对应的测试和解析。

Chapter Four

第四章

恋爱与沟通

爱要怎么说出口？爱的五种语言

《木兰花令·拟古决绝词》

[清]纳兰性德

人生若只如初见，何事秋风悲画扇？等闲变却故人心，却道故心人易变。　骊山语罢清宵半，泪雨零铃终不怨。何如薄幸锦衣郎，比翼连枝当日愿。

——《饮水词笺校》中华书局2005年版

很多人对纳兰性德的这首词颇有感慨，两个人的恋情若始终如词中那样"只如初见"，那该多好！可惜现实往往是起初卿卿我我、君心似我心，后面却各自独来独往，只觉"寂寞沙洲冷"。这种变化跟不会表达爱有非常大的关系。美国心理学家盖瑞·查普曼有一本著名的书《爱的五种语言》，通过这本书，我们可以了解爱人之间如何才能满足彼此的需要。

在恋爱当中，我们往往用自己的"爱语"来表达对对方的爱，但有时却很失败，因为我们不明白对方喜欢什么样的"爱的方式"。我们很努力地用自己喜欢的方式来爱着对方，拼命送礼物、送温暖，但对方始终觉得不以为意，好像没有被打动。这时我们就会感觉很受挫："爱情太难了，我怎么都学不会，到底是哪里出了问题呢？"

我想问下大家："**你真的知道对方需要怎么被爱吗**？"

每个人的内心都有一个情感的空洞，要用爱来填满。当这个空洞

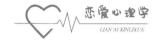

满载了爱——即当我们真正感受到生命中最重要的人爱自己的时候，整个世界都将变得光明。

在恋爱当中，每对情侣都有一个"**爱的水槽**"。使用正确的爱的语言进行表达，就是爱的输入，就会让对方感觉开心，觉得被欣赏、被肯定、被爱；不断地争吵、指责，就是爱的提取，就会让对方痛苦，觉得被批评、被误解或被伤害。

当你们"爱的水槽"满溢，在这样的关系中，爱能遮掩许多的过错，使冲突中的大事化小、小事化无。当你们"爱的水槽"空空如也，两个人就会争吵不断、矛盾不断，任何小错都会引发激烈的争吵。那么，如何使"爱的水槽"常满？使用爱的语言就是最好的方法之一。爱的五种语言分别是肯定的言辞、身体的接触（包括爱的触摸）、精心的时刻、服务的行动和接受礼物。

爱的第一种语言是肯定的言辞。言语有很大的威力，能够使人得到祝福，使人获得幸福和快乐，但是也能够摧毁爱人。中国有句古话："良言一句三冬暖，恶语伤人六月寒。"我组织学生进行过多次"爱的五种语言"测试，从测试结果来看，情侣之间，男性更需要肯定的言语，就算是某些成功人士，他们依然非常需要爱人的肯定。心理学家约翰·戈特曼（John Gottman）通过实验室观察上千对夫妻的婚姻关系，提出了"5∶1"的概念，即在婚姻的日常互动中，要用五句好话或是有建设性的话去平衡一句不好的话，才能让夫妻关系良好且存续下去，这也是夫妻相处的"黄金比例"。如果正面的互动和负面的互动的比例小于"3∶1"，也就是用少于三句的好话去平衡一句不好的话，那么四年后婚姻出现问题的可能性就很大。

有人会问，肯定的话语是不是就是违心的话呢？明明他那么差劲，我为什么还要表扬他、肯定他？其实并非如此，我们的大脑中就像有两个房间，一个是赞美之室，一个是贬损之室：一个人总是有值得肯定的地方，如果你一直盯着他的缺点，那么双方都会很痛苦；如果你愿意出自真心、具体地赞美他，即使他表现得不尽如人意，你仍可以肯定他为之付出的努力。**肯定和鼓励的话语就像甘露，可以滋润每个人的干渴心灵。**长此以往，你会收获一个更棒的男朋友或者女朋友。肯定的言语包括欣赏、鼓励、良善的话语等，包含自信、积极、忠诚、成长、有智慧、井井有条、接受能力强等褒义的词语。

切记，赞美要讲具体的品质和发生的事件。你可以这样讲："我觉得你特别有担当，在上次的志愿者活动中，大部分人都因为这次的活动难度太大选择放弃了，唯有你坚持着做好这一切，没有任何退缩、畏惧和抱怨。"这样的赞美就很实在。经常性的赞美可以让一个懦弱的人成为勇士；反之，**经常性的批评、指责会让人感受不到爱。**比如，你为恋人准备了一桌丰盛的晚餐，但因为经验不足，其中有一道菜做咸了，而对方在吃饭时的第一句话就是："这菜怎么这么咸啊，你打死卖盐的啦！"估计你整个晚上都不会开心。比如，女儿认认真真为我准备做了生日礼物，从表面上看，不过是画了几个小人，歪歪扭扭地写了几句祝福语，剪了一个不规则的贴纸。如果此时我说："哇，我有女儿太幸福了，你不但记得我的生日，还给我做了这么精美的礼物！"那么她一定会欢欣鼓舞。但是如果我说："你画得好难看啊，字写得一点长进也没有！"那么女儿一定会"哇"的一下哭起来。大家可以回忆一下，被赞美和被批评时，你的感觉是不是都很强烈？

爱的第二种语言是身体的接触。通过身体的接触，可以建立或者破坏一种关系，可以传达恨或者爱。对主要的爱语是身体接触的人而言，身体的触摸远胜于"我爱你"或者"我恨你"的字句。在他沮丧时给他一个拥抱，在他退缩时拍拍他的肩膀，这些身体的接触都能起到很大的作用。在恋爱中，爱抚可能分两种：一种是单纯的肌肤的触碰，与性没有关系，就像父母对孩子的拥抱、爱抚、亲吻一样，会让

人有被爱的感觉；另一种是与性相关的爱抚。

如果爱抚最能让你的爱人感受到被爱，那么两个人出现摩擦时，爱抚就会成为爱情的救星。其中的心理学原理是依恋理论。20世纪五六十年代，美国动物心理学家哈洛和他的同事们进行了有名的"恒河猴实验"，他们把一只刚出生的幼猴放进一个隔离的笼子中养育，并用两只假猴子替代真母猴。这两只代母猴分别是用铁丝和绒布做成的，实验者在"铁丝母猴"胸前特别安置了一个可以提供奶水的橡皮奶头。按哈洛的说法就是"一个是柔软、温暖的母亲，一个是有着无限耐心、可以24小时提供奶水的母亲"。刚开始幼猴多围着"铁丝母猴"，但没过几天，令人惊讶的事情就发生了，幼猴只在饥饿的时候才到"铁丝母猴"那里喝几口奶水，其他更多的时候都是与"绒布母猴"待在一起。幼猴在遭到不熟悉的物体——如一只木制的大蜘蛛的威胁时，会跑到"绒布母猴"身边并紧紧抱住它，似乎"绒布母猴"会给幼猴更多的安全感。[1]

哈洛等人的实验研究结果，用哈洛的话说就是"证明了爱存在的重大变量之一就是触摸"。现在的一些医院有一个面向新生儿的特别的爱护项目，就是抚触——每天为新生儿做全身按摩，这也体现了爱的抚触的重要性。所以，朋友们，如果你的恋人对爱的需要是身体触摸，那你就要不吝惜拥抱与爱抚。

爱的第三种语言是精心的时刻。精心的时刻的中心思想是"同在一起"，不单只是两个人待在一起，而是彼此的注意力、焦点重叠，放下手机专心交流。有恋爱中的人跟我说："我们是天天待在一起了，可还是吵得很凶啊！"这是方法出了问题。我建议恋人们要有定期的"太空时间"，建议一两周施行一次。在这个"太空时间"里，一定

---

[1] 何吴明：《为何人类天生爱触摸》，《百科知识》2020年第3期，第10—12页。

不要先谈过往的愤怒和分歧，主要的交流内容应是对未来的畅想和爱的沟通。沟通时，恋人们要进行目光接触，不可一心二用，要专注地聆听、感受并及时回应，留意对方的身体语言，不打岔，适当提问，核心就是把注意力放在彼此身上。

在多次"爱的五种语言"的测试中，我发现女生往往特别在意精心的陪伴时刻，把握好这个时刻，可以让感情的发展事半功倍，但是如果在这个时刻你依然不肯放下手机，不肯把注意力放在对方身上，或者没想着要解决问题，那么对方就会很失望，长此以往就会失去交流的机会，造成"冷战"和疏远。

爱的第四种语言是服务的行动。所谓服务的行动，是指做恋人想要你做的服务，比如家务、工作，甚至关系的链接等。通过这些服务表达爱意，让恋人心情愉悦，得到满足。这里有一点特别要注意，服务的行动一定要满足对方的要求，一定要投其所好，**如果按照自己的意思去服务对方，那就有可能导致矛盾**。比如，女生感冒发烧，特别需要男生的陪伴照护，而男生这时候却一心想着去给女生买衣服，结果男生挑选衣服跑得很辛苦，女生却不满意，那是因为服务的方向错了。方向不对，努力白费。要记住，**你的服务不是为了满足你内心的需要，也不是按照你自己的方式爱对方，而是为了让对方感觉到爱**，如果你的服务让对方不满意甚至充满负担，那还不如不做。

爱的第五种语言是接受礼物。送礼不单是把礼物交到另一个人手上，它的目的是表达爱意。我们送出礼物时希望收礼物的人能深深感受到我们的心意："我很重视你，你常在我的心中，并且我很爱你。"在送礼物时，若同时注重送礼物的仪式，就能够大大提升爱的感染力。

如果爱人的主要爱语是接受礼物，那么，你就要练习成为送礼物的高手。同样需要注意的问题是，送礼物要送到对方的心里。有一对情侣，女孩特别喜欢鲜花，尤其是红玫瑰和马蹄莲，每到重要的日

子，比如情人节、恋爱周年纪念日、生日，女孩都希望收到鲜花。但是男孩总觉得送鲜花不实际，说："如果你实在喜欢花，那我不如送你塑料花或者锡纸做的花，这样的花不会凋谢，而且可以一劳永逸。"结果，女孩在收到假花的第一时间就生气了。不适当的礼物会让接受的人尴尬，觉得被敷衍：接了礼物自己不开心，不接礼物又怕伤害送礼物的恋人。最后礼物成了鸡肋，食之无味，弃之可惜，甚至会引起双方的怒气，让人觉得不被重视和不被理解。

对恋爱中的人来说，知道对方的爱语是什么，并以对方需要的方式表达爱是大有益处的。每一次当对方用你喜欢的爱语表达爱时，你们的感情就会升温，你们的"爱的水槽"就会满盈。**爱的语言最大的回报就是使对方有强烈的被爱感，然后形成更加强烈的情感依附链接，使你们的爱情更加坚固，更具有韧性。**恋人之间讨论彼此的爱语，用对方喜欢的方式来爱他（她），这样可以让你们的爱情更加甜蜜美满。

附录：爱的五种语言测试题 [①]

爱的五种语言测试题（女性用）

下面这些题中有些陈述可能是你的爱人无法做到的，但假如他能够做到的话，在每一对陈述句中，你会选择哪一个？（在你心情放松的情况下做这个测试，尽量不要急着把它做完，可以用15—30分钟的时间来完成这个测试）

1. 我爱人写的爱的短笺让我感觉很好。 A

[①] 参见［美］盖瑞·查普曼：《爱的五种语言》，王云良、陈曦译，江西人民出版社2018年版，第201—217页。

我喜欢爱人给我的拥抱。 E

2. 我喜欢和我的爱人单独待在一起。 B

   当我的爱人帮我洗车时，我感觉到他的爱。 D

3. 从爱人那里收到特别的礼物会让我很开心。 C

   我喜欢与爱人一道做长途旅行。 B

4. 当我的爱人帮着做洗衣服的工作时，我感觉他爱我。 D

   我喜欢我的爱人爱抚我。 E

5. 当我爱人搂着我时，我感觉到他的爱。 E

   我知道我的爱人爱我，他送礼物给我，让我惊喜。 C

6. 不管去哪里，我都愿意和我的爱人一起。 B

   我喜欢牵着我爱人的手。 E

7. 我很珍惜爱人送给我的礼物。 C

   我喜欢听爱人对我说，他爱我。 A

8. 我喜欢我的爱人坐在我旁边。 E

   我喜欢听爱人告诉我说，我很漂亮。 A

9. 能和爱人在一起，会令我很兴奋。 B

   我爱人送给我的即使是最小的礼物，对我来说也很重要。 C

10. 当爱人告诉我他以我为骄傲的时候，我感觉到他爱我。 A

    当爱人在饭后帮着收拾餐桌时，我知道他爱我。 D

11. 不管做什么，我都喜欢和爱人一起。 B

    爱人给我的支持意见让我感觉很好。 A

12. 和爱人对我说的话相比，他为我做的那些小事情对我来说更重要。 D

    我喜欢拥抱我的爱人。 E

13. 爱人的赞扬对我来说意义重大。 A

    爱人送一些我很喜欢的礼物给我，对我来说很重要。 C

14. 只要是在我爱人身边，就会让我感觉很好。 B

　　我喜欢我的爱人帮我推拿。 E

15. 爱人对我的成就做出的反应让我很受鼓舞。 A

　　爱人若能帮助做一些他很讨厌做的事情，对我来说意义重大。 D

16. 我从来没有厌倦过爱人的亲吻。 E

　　我喜欢我的爱人对我所做的事情表示出真正的喜爱。 B

17. 我可以指使我的爱人帮助我完成一些任务。 D

　　当我打开爱人送给我的礼物时，我会感到很兴奋。 C

18. 我喜欢我的爱人称赞我的外表。 A

　　我喜欢我的爱人倾听并尊重我的想法。 B

19. 当我爱人在我旁边时，我忍不住要触摸他。 E

　　当我的爱人有时为我跑腿时，我很感谢他。 D

20. 我的爱人应该为他为了帮助我所做的一切得到奖赏。 D

　　有时我会为爱人送给我的礼物是如此精心而感到惊奇。 C

21. 我喜欢爱人给我他全部的注意力。 B

　　我喜欢爱人帮着在家里做清洁。 D

22. 我期待着看到我的爱人会送给我什么生日礼物。 C

　　我从来没有厌倦过听爱人告诉我，我对他有多么重要。 A

23. 我的爱人通过送礼物给我，让我知道他爱我。 C

　　我的爱人不需要我出声就主动帮助我，表达了他对我的爱。 D

24. 在我说话时，我的爱人不会打断我，我喜欢这一点。 B

　　我从来没有厌倦过收爱人送给我的礼物。 C

25. 在我累了的时候，我的爱人善于问我他能帮着做些什么。 D

　　我们去往哪里并不重要，重要的是我只喜欢和我爱人一起去往这些地方。B

　　26. 我喜欢拥抱我的爱人。 E

我喜欢从爱人那里收到礼物，得到惊喜。 C

27. 爱人鼓励的话语给了我信心。 A

　　我喜欢与我的爱人一起看电影。 B

28. 我无法想象还有哪些礼物比我爱人送给我的礼物更好。 C

　　我简直无法把自己的手从爱人身上收回来。 E

29. 对我来说很重要的是，当我爱人有其他事情要做时，他却来帮助我。 D

　　当爱人告诉我他很欣赏我的时候，我感觉非常好。 A

30. 在我和爱人分开一段时间后，我喜欢拥抱和亲吻他。 E

　　我喜欢听到爱人告诉我，他想念我。 A

A:_____ B:_____ C:_____ D:_____ E:_____

爱的五种语言测试题（男性用）

　　下面这些题中有些陈述可能是你的爱人无法做到的，但假如他能够做到的话，在每一对陈述句中，你会选择哪一个？（在你心情放松的情况下做这个测试，尽量不要急着把它做完，可以用 15—30 分钟的时间来完成这个测试）

1. 我爱人写的爱的短笺让我感觉很好。 A

　　我喜欢爱人给我的拥抱。 E

2. 我喜欢和我的爱人单独待在一起。 B

　　当我的爱人帮助我做我的工作时，我感觉到她的爱。 D

3. 从爱人那里收到特别的礼物会让我很开心。 C

　　我喜欢与爱人一道做长途旅行。 B

4. 当我的爱人帮着做洗衣服的工作时，我感觉她爱我。 D

　　我喜欢我的爱人抚摸我。 E

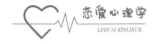

5. 当我爱人搂着我时，我感觉到她的爱。 E

　　我知道我的爱人爱我，她送礼物给我，让我惊喜。 C

6. 不管去哪里，我都愿意和我的爱人一起。 B

　　我喜欢牵着我爱人的手。 E

7. 我很珍惜爱人送给我的礼物。 C

　　我喜欢听爱人对我说，她爱我。 A

8. 我喜欢我的爱人坐在我旁边。 E

　　我喜欢听爱人告诉我说，我很帅。 A

9. 能和爱人待在一起，会令我很兴奋。 B

　　我爱人送给我的即使是最小的礼物，对我来说也很重要。 C

10. 当爱人告诉我她以我为骄傲的时候，我感觉到她爱我。 A

　　当爱人喂我吃饭时，我知道她爱我。 D

11. 不管做什么，我都喜欢和爱人一起。 B

　　爱人给我的支持意见让我感觉很好。 A

12. 和爱人对我说的话相比，她为我做的那些小事情对我来说更重要。 D

　　我喜欢拥抱我的爱人。 E

13. 爱人的赞扬对我来说意义重大。 A

　　爱人送一些我很喜欢的礼物给我，对我来说很重要。 C

14. 只要在我爱人身边，就会让我感觉很好。 B

　　我喜欢我的爱人揉我的背部。 E

15. 爱人对我的成就做出的反应让我很受鼓舞。 A

　　爱人若能帮助我做一些她很讨厌做的事情，对我来说意义重大。D

16. 我从来没有厌倦过爱人的亲吻。 E

　　我喜欢我的爱人对我所做的事情表示出真正的喜爱。 B

17. 我可以指使我的爱人帮助我完成一些任务。 D

当我打开爱人送给我的礼物时，我会感到很兴奋。 C

18. 我喜欢我的爱人称赞我的外表。 A

   我喜欢我的爱人倾听并尊重我的想法。 B

19. 当爱人在我旁边时，我忍不住要触摸她。 E

   当我的爱人有时为我跑腿时，我很感谢她。 D

20. 我的爱人应该为她为了帮助我所做的一切得到奖赏。 D

   有时我会为爱人送给我的礼物是如此精心而感到惊奇。 C

21. 我喜欢爱人给我她全部的注意力。 B

   我喜欢爱人帮着在家里做清洁。 D

22. 我期待着看到我的爱人会送给我什么生日礼物。 C

   我从来没有厌倦过听爱人告诉我，我对她有多么重要。 A

23. 我的爱人通过送礼物给我，让我知道她爱我。 C

   我的爱人通过在家里帮助我赶工完成任务，表达了她对我的爱。 D

24. 在我说话时，我的爱人不会打断我，我喜欢这一点。 B

   我从来没有厌倦过收爱人送给我的礼物。 C

25. 在我累了的时候，我的爱人善于问我她能帮着做些什么。 D

   我们去往哪里并不重要，重要的是我只喜欢和我爱人一起去往这些地方。 B

26. 我喜欢和我的爱人有亲密的身体接触。 E

   我喜欢从爱人那里收到礼物，得到惊喜。 C

27. 爱人鼓励的话语给了我信心。 A

   我喜欢与我的爱人一起看电影。 B

28. 我无法想象还有哪些礼物比我爱人送给我的礼物更好。 C

   我简直无法把自己的手从爱人身上收回来。 E

29. 对我来说很重要的是，当我的爱人有其他事情要做时，她却

来帮助我。 D

　　当爱人告诉我她很欣赏我的时候，我感觉非常好。 A

30. 在我和爱人分开一段时间后，我喜欢拥抱和亲吻她。 E

　　我喜欢听到爱人告诉我，她相信我。 A

A:_____　B:_____　C:_____　D:_____　E:_____

　　在完成上面的测试题后，数一数你分别选择了什么样的答案，将数字填在相应的空格里。然后对照看一下我们的五种语言排序。

　　A= 肯定的言辞　B= 精心的时刻　C= 接受礼物

　　D= 服务的行动　E= 身体的接触

　　得分最高的那一项，就是你主要的爱的语言。假如你在两种语言上的得分是相等的，就意味着你是"双语的"，有两种主要爱语。假如你得分第二高的那种语言，在分数上与主要的爱的语言相近，但并不相等，那就说明这两种语言对你来说都很重要。每一种爱的语言最高分是 12 分。

沟通姿态与内在需要

《怨情》

[唐]李白

美人卷珠帘，深坐颦蛾眉。

但见泪痕湿，不知心恨谁。

——《李白全集编年笺注》中华书局 2015 年版

李白的这首诗描写了美人的忧伤和失意。我猜测，这首诗中的美人落泪可能跟情人之间的吵架有关。在现实生活中，爱人之间吵架是一件再正常不过的事情。大家不用把争吵看作恐怖的事，**争吵本就是情侣之间的沟通方式之一**，没有争吵也就没有彼此间的磨合。争吵也有规律可循。大家先看一下，你在与爱人争吵时处于以下哪种冲突模式。

（一）争吵中我会让步甚至吃亏，我尽量回避冲突，只要关系可以尽快恢复；

（二）即使关系变得紧张，也要让对方明白我的想法；

（三）我倾向于不动感情，只摆出逻辑与合理的观点，然后要求双方不要争吵，冷静下来才能够看得清楚；

（四）我喜欢用幽默、提问或其他打岔的方式来缓和或结束冲突。

为了表现出人们对自我价值的内心感受，心理学家萨提亚女士根据多年的研究得出了"生存姿态"的概念。五种生存姿态分别是责备

型、讨好型、超理智型、打岔型和表里一致。①

　　责备型的人的特点是在任何事上都能挑出毛病，批判、攻击、皱眉，指责的手指总是向外指，他们的口头语是"你从来没有做对过一件事！""你怎么回事？""都是你的错！"等。

　　讨好型的人的特点是内心充满焦虑，不敢与人发生冲突，认为维持脸面、缓和矛盾最重要，保持老好人的形象。讨好型的人总是认为："我不值得被爱。""我应该永远对别人和颜悦色。""我绝不能让别人生气。""我绝不能得罪人。""我不可以冒犯别人。"

　　我总结了讨好型的人的心声："我一直都试图取悦别人。""我的一生都在扮演别人。""我再也不会这样了。""如果我终其一生都在做别人，那么谁会花时间来做我？"

　　超理智型又称为计算机型，从表面上看，这类人是非常严肃冷静又极度客观的，他们用数据说话，不讲情面，极其讲原则，认为正确的事务比情感更有意义。他们会经常说："我认为正确的事，应该……""只要公平就好。""凡事要讲道理。"

　　打岔型的人容易避重就轻、转变话题、左右摇摆，不愿意正视状况，希望通过调侃、逃离的方式解决问题。这类人的口头语是："我自己也搞不清。""爱咋样咋样吧。""你说啥，我不懂，开个玩笑吧。"

　　表里一致的人用真心和坦诚来解决问题，既做真实的自己，又不逼迫对方作假，通过真诚、走心的沟通让两个人实现双赢。

　　有人可能会有点蒙，感觉自己身上不止一种生存姿态。确实，我们的生存姿态往往不止一种，而是多种共存。比如，有的人是先讨好，为爱人做了很多，如果讨好失败就开始指责，当对方回怼的时候，马上又进入打岔模式，这些都有可能。我们的生存姿态并不是

---

① 参见［美］维吉尼亚·萨提亚、约翰·贝曼、简·格伯、玛利亚·葛莫莉：《萨提亚家庭治疗模式》，聂晶译，世界图书出版公司北京公司 2007 年版，第 33 页。

一个非常严格的、确定化的模式，须要自我省察来发现、改进。

我在这里有一些建议：

（一）讨好型的人要多关心自己，不要失去自己。

（二）责备型的人要多关注他人的感受，以及沟通时的情境，不要一味指责别人。

（三）超理智型的人要多关注对方的情绪感受，不要让人觉得冷漠。

（四）打岔型的人要知道逃避不能解决问题，要学会面对问题。

萨提亚女士还提出了"内在冰山模型"，这是萨提亚实用心理学中一个标志性的心理分析模型，对于了解自我的行为模式和心理动机具有很大作用。简单地说，这个模型能告诉我们，一个人行为背后深层的东西是什么。

我将个人"内在冰山模型"总结为五个主要层次，依次是行为、感受、观点（想法）、渴望（期待）、自我（本性），这是一个逐步深入的模型，如图 4-1 所示。如果能够深入地了解"内在冰山模型"，那么当我们看待一个人的行为时，就不会仅仅停留在表面，而是可以

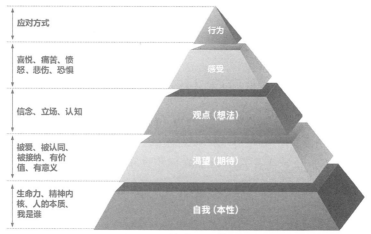

图 4-1　内在冰山模型

同时看到其行为背后的心理需求与成因。

设想一个情境：

下班了，男士回家，兴冲冲地告诉女士："我告诉你一个好消息啊！我在单位比赛中获奖了！"

这时，女士看到男士呈现出一座怎样的"内在冰山"呢？男士兴冲冲的行为言语后面，其**感受**是"兴奋和开心"；其**想法**是"获奖意味着事业的进步，能力被认可"；其**期待**是"我要和家人分享这一喜悦，让他们也高兴""得到家人的认可和赞美"。这一刻，男士呈现了一种高能量的生命状态，其自我价值感迅速提升！男士无非期待女士说："你真棒！你是我的骄傲！看到你取得的成绩，我们全家都感到高兴！"但如果女士对男士爱答不理或冷嘲热讽，或毫无反应，对丈夫的内在需求视而不见，长此以往，两人就会渐行渐远，极易引发家庭冲突……

再举一个例子：

某男生参加演讲比赛没有获奖，晚上和女朋友一起吃饭。此刻他的状态呈现如下：

他的**感受**：很沮丧，很有挫败感，低落、忧郁、退缩，什么都不想做了。

他的**观点**：我太弱了，我没做好，我对自己很失望，我真的不行，我没有价值，我什么都做不好！（自我价值感低）

他的**自我辩解**：要是不逞强就好了，因为最近极度疲劳，参加了好几个比赛，连体力都没恢复。

他对自己的**期待**：以后我要学会拒绝，太累了就不要逞强，什么

114

都想要只会应接不暇，与奖项失之交臂。

他的**内在自我**：我是不是真的很弱？我是不是很差劲？（质疑自己的能力）也许这一次比赛算不了什么，我以后还是可以获胜的。

他的**渴望**：我需要安慰，需要支持，需要拥抱。如果有人能鼓励我一下就好了，最好女朋友能对我说："你其实很棒，前面获得了那么多优异的成绩，这一次的比赛说明不了什么，继续加油，我看好你！"

他的退而求其次的**行为**：我自己拥抱自己，其实我根本不在乎这个比赛。

如果此时女生能看到男生内心深处的需求，及时用温暖的言语来安慰男生，男生就会得到开解，也能被共情支持，心里的不舒服就会化解，双方的沟通也就会很顺畅。长此以往，彼此都会觉得对方是善解人意的知心人，关系也会更进一层。

第三节

导致沟通碰壁的"黑暗五刺客"

《长相思》

[唐]白居易

汴水流，泗水流，流到瓜洲古渡头。吴山点点愁。　　思悠悠，
恨悠悠，恨到归时方始休。月明人倚楼。

——《白居易诗集校注》中华书局 2006 年版

　　沟通是恋人之间相处最重要的环节，若恋人间的沟通出问题，就
会出现《长相思》词中"思悠悠"又"恨悠悠"的局面。相传汉代才
女卓文君曾给她的丈夫司马相如写了一首《白头吟》，其中两句是"愿
得一心人，白头不相离"，表达了卓文君对爱情真挚专一的态度，以
及对喜新厌旧、半途相弃的行为的贬责。其实很多人谈恋爱之初都抱
有白头偕老的愿望，但是不承想会遇到这么多的困难。本节，我们
聊聊恋爱中的沟通问题。恋爱中有很多沟通两难的问题，不知道你是
否遇见过：

　　（一）跟你说话我会受伤，不跟你说话我会孤单难受。

　　（二）这句话不说我会憋死，说了会让你气死。

　　（三）说得含蓄了你听不懂，说得直白了你会暴跳如雷。

　　婚姻关系专家约翰·戈特曼博士曾提出"末日四骑士"[①]的概念，

---

① [美]约翰·戈特曼、娜恩·西尔弗：《幸福的婚姻：男人与女人的长期相处之
道》，刘小敏译，浙江人民出版社 2014 年版，第 28 页。

他在"爱情实验室"的研究里，发现夫妻间有四种对婚姻极为不利的互动模式，即批评、鄙视、辩护与冷战。我们以此为基础，结合心理学家黄维仁博士的研究，来聊聊恋爱中破坏关系的"黑暗五刺客"。

第一个刺客是抱怨专家，在沟通中的破坏力有三颗星（★★★）。

抱怨通常是在表达不满，这个做法非常容易传递负面情绪，很可能会导致坏情绪升级。比如："你这做的是什么饭，这么难吃！""我回来这么晚你都不做饭，你想饿死我啊！""出个差开车这么久，要累死人了！"这些抱怨中带着自怜，有些是因为不满意对方的行为而进行的情绪对抗，有些是想让对方为自己的痛苦负责。有些人被要求做某事但他们不想做却又不敢反对、拒绝时，可能就会采取抱怨这种"曲线救国"的方法："在你的压力下我不得不做，但是我要让你感受到我的不开心。"轻度的抱怨可以成为无声的指责！这里我要提醒大家，有些人习惯性地喜欢抱怨，这个缺点一定要改正。**抱怨是一种负能量，负能量会彼此吸引，你的抱怨亦有可能引来对方的抱怨，最后形成恶性循环，引发冲突。**

抱怨如果升级成批评指责，就是一种人身攻击行为。"你连衣服都忘记洗了，长没长脑子啊！""你怎么这么没用？""你又忘记写作业了，你干什么吃的？"——这些就是批评指责。受到批评指责，此时对方也蓄势待发，准备回击了，"战争"便出现了苗头。

第二个刺客是轻蔑高手，在沟通中的破坏力有四颗星（★★★★）。

鄙视和比较一般容易同时出现。鄙视是指挖苦、冷嘲热讽、讥笑、轻蔑对方，经常伴随着翻白眼等嫌恶的表情和不友好的语气。很多多年的夫妻都非常**擅长使用"鄙视"这个武器，甚至已经修炼到不用言语来表达，只需要一个眼神、一个表情就可以让对方心有余悸，甚至让对方暴跳如雷。**在恋爱中，有些人喜欢以鄙视的态度来打压对方，

带有一种攻击性。比如，一方说："从今天起，我要按照计划完成自己的工作目标。"另一方却带着鄙夷说："呵呵，你以为制订计划后你就能完成了？你忘记上次了，你就是个失忆症患者！"一方说："我以后一定会改变的！"另一方却说："你要是能改，猪八戒都会爬树，我已经把你看到骨髓了！"

恋爱中，有时候一方随意说出的一句鄙夷的话，都会勾起另一方内心的愤怒回忆，让另一方想要回怼，有意去"挑衅"对方。比如，一方说："我这次肯定不会食言。"另一方却回怼："算了吧，你也就这个样了，再怎么改变都没有用。"鄙视如果加上比较，就足以让另一方怒发冲冠，比如，女生说："你总是说你对我很用心，可惜你连我的生日都记不住，你就是猪脑子，你看人家春伟，从来都是把恋人放第一位，每年都给女朋友送一大束鲜花。"男生立刻就会有很激烈的情绪反应。再比如，女生说："你就是不爱干净，整天邋里邋遢，胡子拉碴，你看智佳，穿得整洁还帅气，你咋不跟人家学学呢？"这样一番话下来，男生可能早就忘了要整洁这件事，而是直接把矛头转向了智佳，很有可能会引发一场新的争吵。

第三个刺客是"甩锅"①大侠，在沟通中的破坏力有三颗星（★★★）。

"甩锅"是一种通过责备对方让自己"脱罪"的手段，"甩锅"者认为在恋爱相处中无法达到理想中的感情状态，是对方的问题，不是自己的问题。比如："我不能成为你理想中的爱人，这都怪你。我已经很努力了，是你故步自封，没有改变，才让我们这段感情越来越糟，都是你的错。""我忘记洗衣服完全是你的错，因为你根本就没有提醒我，如果你提醒一下，我就不会忘记……"这些往往是推卸责任

---

① "甩锅"，网络流行语，指推卸责任，企图将自身的矛盾转移到其他地方去，让别人来"背黑锅"的意思。

的手段，往往会令对方有被压迫感，然后就想着：既然你"甩锅"，那么大家一起"甩"。结果爱人之间形成了相互指责的局面。所以大家要记住，**当你用一根食指指向对方时，其实有四根指头正指向你自己，对于自己的责任要勇于承担**，这样才能提升进步。一味地辩驳、否认、防卫，只会让自己停滞不前。

第四个刺客是负面诠释射手，在沟通中的破坏力有四颗星（★★★★）。

负面诠释是把别人不含批评意味的言语解释为带有恶意的言语，或者一听到跟过去的伤害相关的字眼，就立刻进入"防御待战"模式。比如，一对夫妻请了阿姨来打扫卫生，打扫完之后，男士说："阿姨收拾得挺干净啊。"女士立刻觉得不对劲，开始回怼："你是觉得我收拾得不如阿姨干净吗？你是说我能力不够强吗？"再比如，全职太太在家照顾孩子，丈夫无意中问了一句："你在家辛苦吗？"全职太太一下子觉得很委屈，因为在家里承担家务、照顾孩子已经很累了，所以立刻反驳说："你觉得我在家无所事事吗？你又希望我出去工作吗？那谁来照顾这个家？你赚的一点钱根本不够贴补家用！"**有些话语从表面上看都是没有恶意的，但是放在特殊的场合中就会引起负面的诠释，甚至诱发"战争"。**

负面情绪的迁移、投射也会导致矛盾。比如：婆媳关系不好，丈夫一提到"婆婆"两个字，妻子立刻就情绪激动了，这是把对婆婆的负面情绪，迁移、投射到了丈夫身上；丈夫赚钱不多，妻子一提到某人赚钱多，丈夫就愤怒了，直接说对方的钱来路不明；丈夫怕被评价不努力，妻子一提到努力的人，丈夫就开始激动，竭力自证"我已经很努力了"。这种负面情绪的迁移、投射经常会成为爱人之间争吵的导火索，让两个人在不知不觉中吵起来。

第五个刺客就是冷冻侠，在沟通中的破坏力有五颗星

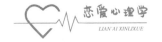

（★★★★★）。

"冷战"，就是我们常说的"冷暴力"，它对恋爱关系的破坏程度可排第一。**吵架是变相的沟通，对骂是恶劣的交流，如果长期"冷战"，那么恋爱关系就会濒临破裂。**如果两个人谁都不说话、不言语，那根本无法发现问题，更无法解决问题，最后换来的是彼此无尽的冷漠和感情的变质。

想象一幅画面：女生因为各种小事对男友进行连珠炮似的批评，而男友默不作声，旁若无人地在电脑前玩游戏。女生的声音越来越大，男友更加视若无睹，故意冷战。最后，女生的耐心被消磨干净，两个人彻底不再交流，感情走向终结。

在恋爱当中，有一方急着解决问题，而另一方却忙着逃避，想把大事化小、小事化无，甚至希望那些令其敏感不安的话题再也不被提起。于是，听的一方一点反应都没有，让说的一方觉得石沉大海，像在对一堵石墙说话，一颗火热的心被拒于千里之外，得不到任何温情，得到的只有阴暗和冷酷。这样的状态是恋爱中最可怕的状态。两人如果长期持续处在"冷战"当中，一定要加以重视，积极寻求沟通，也可以做情感咨询，尽量想办法化解，要不然这一段关系就有可能走向分离。

<h1 style="text-align:center">第四节</h1>

<h2 style="text-align:center">吵架心理学——吵架的正确"姿势"</h2>

《暮秋独游曲江》

[唐] 李商隐

荷叶生时春恨生，荷叶枯时秋恨成。

深知身在情长在，怅望江头江水声。

——《玉谿生诗醇》中华书局 2008 年版

荷叶生时有春恨，荷叶落时又有了秋恨，李商隐是情深之人，似乎很难快乐。而人们在恋爱中一旦被"黑暗五刺客"缠上，也很难快乐轻松。上一节我们聊过了"黑暗五刺客"，分别是抱怨专家、轻蔑高手、"甩锅"大侠、负面诠释射手和冷冻侠。本节我们举几个案例。

一个小男孩好奇地问父亲："爸爸，什么叫战争？"父亲饶有兴致地回答："哦，战争啊，就是两个国家为了争夺利益而打仗。"

着急的母亲插话："你胡说什么？有你这样给孩子讲的吗？战争哪有这么简单？"（批评）

父亲："呵，你真行！你也懂世界政治？"（鄙视）

母亲："你别以为自己什么都懂，战争中谁是谁非你都不清楚，还去教育孩子？"（批评）

父亲："你懂啥，我的观点肯定是对的！"（辩护）

母亲："你们男人总那么自以为是，其实你根本什么都不懂，就

喜欢胡吹海侃！"（涉及人格鄙视，较严重）

父亲："唉，你怎么总是爱打击一片？"（辩护）

母亲："因为你总以为自己是对的，别人是错的，像只骄傲的火鸡！"（指责）

父亲："这话用来说你自己倒是合适！"

夫妻俩脸红脖子粗地继续对峙着……

这时，孩子忽然向他们说："爸爸妈妈，我知道什么是战争了。"

再看一个案例：

丈夫回家脱鞋子，踢得东一只、西一只，脱下衣服也乱丢在沙发上，然后他就开始在沙发上刷手机。

妻子："你就不能整洁点吗？"（抱怨）

丈夫："我从小就这样。"（辩护）

妻子："你爸妈没教过你吗？你是不是一直都这么邋遢？"（批评）

丈夫："你爸妈最没文化，啥书都没读过。"（鄙视对方爸妈，可能会有严重后果）

妻子："天天都让你妈管你，你就是'妈宝男'。"（人格鄙视）

丈夫："也没见你赚多少钱，我总比抠门的你强。"（辩护）

妻子："我建议你学习一些理财的方法，这样我们的生活也能宽裕些。"

丈夫："你是嫌我赚钱少了，你赚过钱吗？还不都是靠我！"（负面诠释）

妻子："你看人家老王多能赚钱！"（比较鄙视）

丈夫："你找老王过去，我看你总跟他眉来眼去。"（胡乱指责，进入无意义的争吵）

　　妻子："离婚!"（开始"冷战"）

　　从上面的案例可以看出，婚姻或恋爱中的争吵与"末日四骑士"或"黑暗五刺客"有密切关系。大家可以针对自己与爱人平时的争吵情况加以总结，找到其中的模式，进而降低吵架的频率。

　　心理学家约翰·戈特曼博士提供了一个练习作为夫妻探索争吵的工具。[①] 我对其做了一定修改，情侣们可以在复盘与爱人的争吵时使用它。

　　1. 在这次争吵中，我感到：

（1）想辩护	很多	肯定有	有一点	没有
（2）受伤害	很多	肯定有	有一点	没有
（3）悲伤	很多	肯定有	有一点	没有
（4）愤怒	很多	肯定有	有一点	没有
（5）被批评	很多	肯定有	有一点	没有
（6）担心	很多	肯定有	有一点	没有
（7）被误解	很多	肯定有	有一点	没有
（8）厌恶	很多	肯定有	有一点	没有
（9）不被认可	很多	肯定有	有一点	没有
（10）像是被抛弃	很多	肯定有	有一点	没有

　　2. 这些感受是由什么引起的？

（1）他不在乎我	很多	肯定有	有一点	没有
（2）我被排除在外	很多	肯定有	有一点	没有
（3）他对我很冷淡	很多	肯定有	有一点	没有

---

① 参见［美］约翰·戈特曼、娜恩·西尔弗:《幸福的婚姻:男人与女人的长期相处之道》，刘小敏译，浙江人民出版社2014年版，第141—143页。

（4）我被批评了　　　　　　很多　　肯定有　　有一点　　没有

（5）我被羞辱了　　　　　　很多　　肯定有　　有一点　　没有

（6）我的尊严受损　　　　　很多　　肯定有　　有一点　　没有

（7）我对他没感觉　　　　　很多　　肯定有　　有一点　　没有

（8）我觉得被排斥　　　　　很多　　肯定有　　有一点　　没有

（9）我觉得他盛气凌人　　　很多　　肯定有　　有一点　　没有

（10）我觉得他蛮不讲理　　很多　　肯定有　　有一点　　没有

3. 这次争吵根源于：

（1）我过去的创伤　　　　　　很多　　肯定有　　有一点　　没有

（2）我内心的恐惧和不安全感　很多　　肯定有　　有一点　　没有

（3）我对工作和生活的焦虑　　很多　　肯定有　　有一点　　没有

（4）过去其他人对待我的方式　很多　　肯定有　　有一点　　没有

（5）我的原生家庭的伤痛　　　很多　　肯定有　　有一点　　没有

（6）我尚未实现的希望　　　　很多　　肯定有　　有一点　　没有

（7）其他状况的投射　　　　　很多　　肯定有　　有一点　　没有

4. 你需要为争吵的哪些方面负责？

（1）我最近压力太大，影响了情绪　　　肯定是的　　　也许有一点

（2）我最近没有欣赏、感恩过对方　　　肯定是的　　　也许有一点

（3）我最近过度敏感　　　　　　　　　肯定是的　　　也许有一点

（4）我最近好沮丧　　　　　　　　　　肯定是的　　　也许有一点

（5）我最近容易急躁　　　　　　　　　肯定是的　　　也许有一点

（6）我没有经常向对方表达爱意　　　　肯定是的　　　也许有一点

（7）我没有认真倾听对方　　　　　　　肯定是的　　　也许有一点

　　情侣对于争吵进行复盘之后，要思考在争吵中彼此应该负担的责任，以及如何改进，以避免以后在同类事件上恶性循环。

有一个问题大家需要思考一下：情侣之间到底要不要吵架？有人说，情侣之间不该吵架，吵架伤感情，吵着吵着就不爱了，吵架之后就会留下伤口，会影响后面的相处。下面我们聊聊吵架的正确"姿势"，让大家在吵架之后可以修复感情。

（一）**吵架是激烈的沟通方式，争吵不可避免**。情侣之间没有完全和和睦睦的情况。通俗地说，锅铲还会碰到锅底，牙齿还会咬到舌头，情侣间的冲突是不可避免的，而且过度地回避冲突并不能解决问题，而是让问题隐藏起来。问题迟早还会爆发出来，忍耐、退让或者回避冲突都不是解决问题的最好方案。

（二）**每一次吵架都是调整关系的最佳时机，要抓住这样的机会**。丘吉尔曾说，不要浪费一场危机。每次剧烈冲突一般都是心理状态最真实的表现，或者说是因为内心深处的需求没有被满足。此时，如果你能观照彼此的内心，体察到对方内心深处的需求，就会让彼此的关系更进一步，对对方的理解更深一层。

举个例子：情侣发生争吵，起因是女生说男生买的烤箱太大了、不适用，搬家时还要扔掉。男生也很生气："我买的东西不适用，那你买的就适用吗？你买的衣服两年都没穿过，还不是一样要扔掉！"后来两人没有继续争吵，不欢而散了。后来，男生用我教导的方法探索内心，找到了自己愤怒的根源，表面上看是因为被指责买的东西不适用，其实核心问题是男生觉得自己的这份爱心没有被重视，他买烤箱是因为女生喜欢吃烤红薯。另外，男生刚刚准备的早餐也没有被女生肯定和认可，这两件事结合在一起引发了男生的愤怒。男生梳理自己的愤怒情绪，重新用理性思考这件事时，发现女生也不单单是为了这件事指责他，而是男生确实平时就有乱买东西的坏习惯，女生不过是善意地提醒。当男生把这些都想通了，两个人的关系就得到了修复。所以说，吵架不要白吵，一定要抓住反思的机会。

　　吵架时最正确的"姿势"是什么？**那当然是"不战而屈人之兵"，也就是吵架当中叫"暂停"。** 有人说：吵架中叫"暂停"？不可能吧，火气刚上来，正想发泄出来，怎么暂停？那我们设想一个情境：当你们两个人吵架时，突然一个电话打进来，是你的导师，因为今天有一个重要的学术活动要你参加，这个活动一年只有一次，你要不要接这个电话呢？我想，绝大多数的人都会拿起电话，整理情绪，用恭敬而又谦和的语气跟导师说："喂，老师，有什么安排需要我做呢？"这就是暂停，等放下电话后你还能像刚才那样吵吗？基本上火气都被泄掉了。

　　大家切记：**吵架时要先处理情绪，再处理问题。** 杏仁核使人的大脑具有第一时间辨别安全与否的能力，这样能让我们在面临危险时保证自己的安全。也就是说，一旦情绪平复，危险度过，争吵就会停下来。所以，学会暂停非常重要，你可以这样表达："我现在心里很难受，可能我们现在不适合沟通，我要出去冷静一会儿。"离开现场后，你一般很快会转入冷静状态，等你们再交流时，愤怒可能已经弱化，你们就可以进行理智交流。

第五节

内心戏演个不休？恋爱中的情绪管理

《蝶恋花·阅尽天涯离别苦》

[清末民初] 王国维

阅尽天涯离别苦。不道归来，零落花如许。花底相看无一语，绿窗春与天俱莫。　　待把相思灯下诉。一缕新欢，旧恨千千缕。最是人间留不住，朱颜辞镜花辞树。

——《王国维词新释辑评》中国书店 2006 年版

大家体会一下，这首词里有着怎样的情绪感受。其中有离别的愁绪，有哀伤和慨叹。我们通过读词能体会出作者的情绪状态。诗人孟郊 46 岁登科时写道："春风得意马蹄疾，一日看尽长安花。"大家从中能感受到什么情绪？满足、喜悦，甚至狂喜。这一节，我们聊聊恋爱中如何处理好情绪问题。

一、情绪的基本识别

在电影《头脑特工队》中，五种基本情绪以人物的形象被表现出来，非常有趣，它们分别是乐乐、忧忧、厌厌、怕怕和怒怒。心理学家罗伯特·普拉切克开创了情绪的心理进化理论，他认为，人共有八种基本情绪，其他情绪是这八种基本情绪的简单组合。这八种基本情绪两两对应，分别是：快乐与悲伤、愤怒与恐惧、信任与厌恶、期待与惊讶。

　　下面是一些细化的情绪的词语，比如：生气、愤恨不平、烦躁、惊恐、紧张、关切、慌乱、如释重负、信赖、和善、震惊、轻蔑、讥讽、懊悔、耻辱，等等。大家可以结合这些情绪词语，思考一下你最近感受比较多的是哪一种情绪，你喜欢哪种情绪，你厌恶哪种情绪。哈佛大学丹尼乐·戈尔曼教授说，情感智商高者，即能清醒了解并把握自己的情感，敏锐感受并有效反馈他人情绪变化的人，在生活的各个层面，无论是爱情、亲情甚或领悟组织机构中主宰个人沉浮的不成文游戏规则等方方面面都占尽优势。[①] **情绪与我们每个人息息相关，思想支配行为，情绪影响思想。**

　　情绪就像病毒，不管是好情绪还是坏情绪，都具有传染性。好情绪可以相互传递，坏情绪也可以点燃一群人的愤怒，所以一定要学会管理情绪。在沟通中，如果双方情绪爆发都难以抑制，就会使矛盾激化，使沟通陷入痛苦不堪的境地。西方谚语道："治服己心的，强如取城。"情绪管理是人类掌控自己、走向成熟的重要方法和手段，情绪失控只会让问题变得更糟。因此，千万不要让情绪左右你的决策和行动。心理学家费斯汀格提出了很有名的"费斯汀格法则"，他指出，生活中的10%是由发生在你身上的事情组成的，而另外90%则由你对所发生的事情如何反应所决定的。这90%就是我们能够通过情绪管理来掌控的。

　　费斯汀格举过这样一个案例：卡斯丁早上起床后洗漱时，随手将自己的高档手表放在洗漱台边，妻子怕它被水淋湿了，就随手拿过去放在餐桌上。儿子起床后到餐桌上拿面包时，不小心将手表碰到地上摔坏了。卡斯丁疼爱手表，就照儿子的屁股揍了一顿，然后黑着脸骂了妻子一通。妻子不服气，说自己是好心，怕水把手表打湿。卡斯

──────────

[①] 参见王宇航、白羽主编：《大学生心理健康教育与实训指导》，浙江大学出版社2013年版，第121页。

丁说他的手表是防水的，于是二人猛烈地斗起嘴来。一气之下卡斯丁早餐也没有吃，直接开车去了公司，快到公司时突然记起忘了拿公文包，又立刻转回家。可是家中没人，妻子上班去了，儿子上学去了，卡斯丁的钥匙留在公文包里，他进不了门，只好打电话向妻子要钥匙。妻子慌慌张张地往家赶时，撞翻了路边的水果摊，摊主拉住她不让她走，要她赔偿，她不得不赔了一笔钱才摆脱。待拿到公文包后，卡斯丁已迟到了十五分钟。挨了上司一顿严厉批评后，卡斯丁的心情坏到了极点，下班前又因一件小事，跟同事吵了一架。妻子也因早退被扣除当月全勤奖，儿子这天参加棒球赛，原本夺冠有望，却因心情不好发挥不佳，第一局就被淘汰了。[1]

从这个故事可以看到，一次坏的情绪管理造成了最坏的结果，这也是心理学上讲的"踢猫效应"。卡斯丁如果一开始就能够管理好自己的情绪，就不至于让大家都被坏情绪传染而导致痛苦。所以在恋爱关系或者其他亲密关系当中，大家一定要关注自己的情绪，对于当下事件所引起的情绪问题要及时疏导、解决。

二、恋爱中的情绪疏导

在恋爱关系和其他人际关系当中，情绪应当被疏导，不能被压抑。《情绪的镜子》一书写道："情绪既是如丝如絮，又是变化多端的血肉七情之源，其中的丰富性和功能是可想而知的，它必定是引人宏观心灵世界，撷取人间资源的导游，错解它的内容或错过它的效益将是人际关系、心理、人格成长上莫大的损失……怕只怕许多不解情绪的效益之士，不敢随它而去一探心理究竟，抑制了情绪的语言和图像，而使得丰富多彩的情绪，成为失落的资源，而使当事人困在求助

---

[1] 参见徐敏：《费斯汀格法则》，《新西部》2015 年第 12 期，第 89 页。

无门的苦境里。"①电视剧《以家人之名》中有齐明月和她妈妈吵架的一个片段。齐明月是有名的"乖乖女"，从小就不敢在妈妈面前表现各种情绪，也不敢表达自己的真实想法，因为她经常被强势的妈妈否定，妈妈不许她有自己的朋友圈，不许她肆意表达不高兴，不许她选择自己喜欢的专业和城市。而在强大的压力面前，齐明月表面上完全压抑自己、没有自我，其实内心当中有极大的反抗和排斥，后来终于在行为上爆发出来，通过高考时少答一张考卷来释放一直以来的压抑。所以，情绪爆发时其实是一个机会，你可以了解一下自己为什么会这么愤怒，或者为什么这么失落、忧伤，这些情绪都可能是你深层次的内在需求导致的。

在恋爱中处理不好情绪问题的情况比比皆是，很多人为了讨好爱人而不断地压抑自己的情绪，明明不高兴却不敢讲出来，对不合理的要求也不敢拒绝。比如，在一场争吵中，男生因担心关系破裂而不敢表达自己的不满，表面上好像情绪平复了，其实内心并没有真正地放下，而是通过打游戏或者某种"瘾"来发泄，甚至还会以其他更激烈的方式表现出来。**情绪越被压抑，越容易在人最意想不到的时刻，以最意想不到的强度爆发出来。**那么，怎么解决情绪压抑的问题呢？

首先要学会用言语描述自己的情绪，而不是生闷气或者激烈地表达，不要像小孩子一样，不高兴时不知道怎么讲出来，却通过乱发脾气、摔东西等方式表达。如果你没有办法用言语来表明情绪，别人就很难了解你的内在情感世界，你也不容易与别人有心连心的情感交流。那么，如何帮自己的爱人做一次情绪疏导呢？通常需要如下步骤：先标明、表达出对方的情绪，然后让对方思考一下情绪背后真实的内心需求，最后帮爱人思考如何解决这一问题。我们通过一个例子

---

① 林凯沁：《情绪的镜子》，新世界出版社 2011 年版，第 2—3 页。

来看父亲是怎样帮助孩子梳导情绪的。

女儿放学时不开心，胡乱发脾气，扔东西，说："我再也不想上学了。"父亲捕捉到了"不想上学"这个关键词语，他轻轻地把女儿抱过来。

父亲说："你今天在学校不开心吗？"（标明情绪）

女儿点点头。

父亲说："你说不想上学了，是因为老师吗？是因为同学吗？是考试没考好吗？"（帮助女儿确认原因）

女儿说："是我的同桌把我的橡皮丢在地上，我捡起来，他又丢了。"

父亲说："你是不是很生气，就像平时跟妹妹吵架一样？"（再次标明）

女儿说："是的。"

父亲说："你需要爸爸怎么帮你，是跟他的爸妈聊聊还是跟老师说一下？"（了解女儿的需要）

女儿说："跟老师说一下。"

父亲说："那你可以自己跟老师说一下吗？"（帮助确认女儿的需要）

女儿摇摇头。

父亲说："好的，那我跟老师说一下。"（解决方案）

后来父亲主动跟老师沟通，把老师安慰女儿的信息给她看，女儿非常开心。这个案例中展示了简单的情绪疏导的全过程：先为对方标明他的情绪，然后了解他内在的需要，最后一起找到解决的方法。

克里斯多福·孟在《亲密关系：通往灵魂的桥梁》一书中设置了有效沟通的八个纲要问题，我们也可以通过对这八个问题的自我问询

来梳理情绪脉络：

（一）我想要什么？

（二）有没有什么误会要先澄清的？

（三）我所表达的情绪，有哪些是绝对真实的？

（四）我或我伴侣的情绪，是不是似曾相识？

（五）这种情绪是怎么来的？

（六）我该怎么回应这种情绪？

（七）情绪背后有哪些感觉？

（八）我能不能用爱来回应这种感觉？ ①

当你能够诚实回答这些问题的时候，亲密关系中的情绪问题就迎刃而解了。

三、情绪自我觉察的方法

心理学家大卫·斯杜普和简·斯杜普在《亲密关系心理学》一书中提供了一个 SMART 爱情法则，用来觉察情绪和提升亲密关系。② 我们在此利用这个法则，辅以情绪管理的实际操作，来观察恋爱中情绪管理的过程。

S（Self-awareness）代表情绪的自我意识，即对情绪加以觉察。

每个人都有独特的基本情绪模式，如在紧张的时候会显得很焦虑，在压力大时会表现得愤怒，在人多时会表现得害羞、退缩。我们要对情绪进行自我觉察，比如你今天感觉到很焦躁，莫名其妙地想发脾气，就要停下来与自己的情绪相处一会儿，然后慢慢觉察这种感

---

① ［加］克里斯多福·孟：《亲密关系：通往灵魂的桥梁》，张德芬、余蕙玲译，湖南文艺出版社 2015 年版，第 95 页。

② 参见［美］大卫·斯杜普、简·斯杜普：《亲密关系心理学》，张文龙译，台海出版社 2018 版，第 4 页。

受，分析情绪到来的原因，这就是自我觉察的过程。**当把情绪标明时，你会发现，你的情绪浓度就已经下降了。**比如，你知道自己正在生气，或者知道自己正在羞愧中、恐惧中，觉察这些情绪后，就可以进入下一步解决问题的环节。

在与恋人相处的过程中，若在争吵时能够及时标明自己的情绪，那么对方就不太容易愤怒。比如，在相处中，女生说："我今天情绪很不好，有一点暴躁，因为我的月经来了。"这样男生就很容易理解并支持女生，愤怒也容易平息，冲突不会一触即发。但是如果双方都只会发泄情绪（如指责、焦躁、愤怒）来针锋相对，而没有主动标明情绪状态，那么就不容易彼此理解，就会让矛盾激化。我有一个小建议，大家可以用"情绪日记"来记录自己每天的情绪高峰和低谷，如记录"我今天非常高兴，因为获得了国家级比赛的奖励"或者"我今天很沮丧，因为考试没有考好"，然后探索自己的心理状态。经过这样不断的操练，你就容易对自己的情绪波动有所觉察，在人际关系冲突中就容易找到解决方案。

M（Managing）代表情绪的自我管控。

情绪本身没有好坏之分。情绪是上天送给我们的礼物，通过表达情绪我们可以自我保护、趋利避害。恐惧的情绪虽然会让人退缩，但它同时也具有保护作用；愤怒的情绪会让人义愤填膺，但同时也会增强我们的力量；羞耻的情绪让人不敢表达甚至躲在人后，但也使我们有了改变的动力和勇气；快乐的情绪让人乐在其中，但过度的快乐也会导致乐极生悲；忧郁的情绪让人低落、颓废、萎靡，但也可以引导人进入安静的状态。**我们不是要摒弃掉所有的坏情绪只留下好情绪，而是要学会恰当地控制情绪。**

一个成熟的人，他的情绪控制能力一定非常强。以愤怒为例，如

何对愤怒这一强烈情绪进行合理的控制？两个人在愤怒的状态下，往往会越吵越来劲儿，最后就会忘记自己本来吵架的内容。愤怒就像一只火药桶，点着引线后就会爆炸，此时最好的办法就是离开"战场"，不给它爆炸的机会，同时做做深呼吸，转移自己的注意力，让"子弹飞一会儿"。更高明的人会抽丝剥茧地分析愤怒产生的前因后果，切断不理智的根源。

而对于恐惧、羞耻，处理它们最好的办法是面对亲密的人、安全的人讲出来。这两大负面情绪的特点是"见光死"。比如，你担心比赛不能获奖、被人耻笑，请大声地向你的恋人讲出你内心深处的恐惧和担忧，此时恋人也会支持你、鼓励你，让你更有信心远离恐惧和羞耻。

A（Accountability）代表对自己、配偶和他人的责任心。

我们要对自己的情绪负责，而不要把自己的情绪推到其他人身上。要注意分辨：今天的不高兴是因为见到对方吗？还是因为自己在学校或者生活中遭受了困难？人的本性是非常容易推卸责任的。比如，一个人在公司与人发生争执或遭受了不公平对待，情绪很低迷，回家后就有可能把这些情绪发泄在家人身上，无端指责、批评甚至谩骂家人。家人也会觉得很无辜、很愤怒。我们要经常自我省察，把该承担的责任归到自己身上，这样才能获得成长，对自己负责。

R（Reading）代表解读他人的情绪。

当学会解读他人情绪时，你就可以称为情绪大师了。通常，男生总是抑制不住帮助女生解决问题的冲动，但很多时候帮助对方解决问题不如帮助对方解读情绪。

女生："我最近总是咳嗽，嗓子也不舒服！"（求助）

男生："你咳嗽我也没办法啊，你去看看医生吧。"（没有共情，只想解决问题）

女生："我感觉我好累啊，可能是这段时间太疲劳了。"（表达情绪，盼望支持）

男生："我早就跟你说过，这份工作不适合你，你得换工作了。"（还是解决问题）

女生情绪低落地说："唉，那我只好去看医生了。"（表达情绪，希望被理解）

男生："好啊，我工作忙，你自己去吧，买点药吃。"（共情彻底失败）

这段对话中，男生虽然时时想要解决问题，但他没有关注到女生的情绪。女生希望男生能够体会到她的情感需要，可以理解、接纳她的情绪，而不是给她提出各式各样的建议。这些建议只会让女生觉得被冷落，以至于感到失望。

T（Together）代表一起创造情感舒适区。

恋爱中，每个人都会有情绪不好的时候，这就需要彼此的共情、接纳和包容。**遇到爱人负面情绪爆发时，有人会选择逃跑，有人会选择冷处理。两个人如果可以共同面对情绪难题，共建一个情感舒适区，形成情绪灾难的缓冲区，就可以给彼此一个最好的情绪支撑点。**最好的爱情是彼此成全，而不是退缩和推卸责任。当两个人共建一座情绪宝岛时，他们的爱情会更加稳定、更加长久，两个人的人格也会得到更加充分的发展。

推荐阅读

1.［美］盖瑞·查普曼：《爱的五种语言》，王云良、陈曦译，江西人民出版社 2018 年版。

推荐理由：爱要怎么说出口？怎么表达爱对方才会接受呢？这是热恋中的男女都关注的问题。如何在表达爱这件事上做到事半功倍而不是事与愿违？学会熟练运用爱的五种语言，表达爱时，你就能长缨在手、稳操胜券。是时候学习如何表达爱了。

2.［美］马歇尔·卢森堡：《非暴力沟通：珍藏版》，阮胤华译，华夏出版社 2015 年版。

推荐理由：这是一本沟通方面的奇书，它所提供的非暴力沟通方法非常实用，尤其在恋爱关系中大有功效。掌握好观察、感受、需要、请求四个要素，诚实地表达自己，而不是一味指责和批评别人，可以让恋人之间的沟通症结迎刃而解。

3.［英］罗伯特·戴博德：《蛤蟆先生去看心理医生》，陈赢译，天津人民出版社 2020 年版。

推荐理由：作者把人的心理状态分为"儿童自我状态""父母自我状态"和"成人自我状态"。成年人往往都是在这三个状态下切换。面对爱人时，你会不会推行到儿童自我状态？还是你的行为有内在父母在监督？你能否用成人的方式去回应爱人？本书通过深刻的分析、易懂的语言，把心理防御机制讲得淋漓尽致。

Chapter Five

第五章

恋爱与原生家庭

第一节
你在带伤谈恋爱——为何家会伤人

《孩子》（节选）

[黎]纪伯伦 作；冰心 译

你们的孩子，都不是你们的孩子。

乃是生命为自己所渴望的儿女。

他们是凭借你们而来，却不是从你们而来，

他们虽和你们同在，却不属于你们。

你们可以给他们以爱，却不可给他们以思想，

因为他们有自己的思想。

你们可以荫庇他们的身体，却不能荫庇他们的灵魂。

——《先知》译林出版社 2008 年版

    诗人纪伯伦用这首诗阐释了他对父母和孩子关系的理解，重点强调了父母不要过度控制孩子，这很值得我们思考。先来讲一个故事，2021 年的一个傍晚，一个网名为"鹿道森"的年轻人，背着黑色双肩包，避开人流，独自来到舟山的朱家尖，在他 26 岁时，把生命交还给这个世界，也给世人留下了约 5000 字的遗书。在遗书中，"鹿道森"自述了原生家庭的故事。看完之后，我的心久久不能平静。阿德勒曾说过："幸运的人一生都被童年治愈，而不幸的人一生都在治愈童年。"这一节，我们通过梳理"鹿道森"的原生家庭，来开启探索原生家庭之旅。

一、缺乏父母关爱，没有情感支持

"鹿道森"是留守儿童，一直没有在父母身边生活，也没有得到来自父母的关爱。他在遗书中写道，他在学校被霸凌，受到语言暴力，被排挤，被欺负，被迫下跪，被威胁，同学们拦着路不让他走……他从小就有各种外号，"假妹""假姑娘"……如果能够得到父母的关注和保护，孩子通常不会长期受到校园霸凌。**一个人小时候的亲子关系模型到他成年后会衍化为内在的父母与内在的小孩之间的关系。**一个人小时候得不到保护，成年之后的内在父母就会缺失，使其没有安全感和自信。在恋爱中，为了获得对方的关注和好感，这个人可能会用出格的表现或者极度的讨好来满足对方。

二、受到父母强势控制，负重前行

"鹿道森"将父母对他的控制和期待描述得十分深刻且充满痛楚，他写道，孩子也是独立的个体，而不是为了实现父母梦想的工具人。父母强势地控制着孩子的人生，逼他们做他们不想做的事情，野蛮地灌输自己的想法，只会让他们痛苦到生不如死。不想做的事就可以不做，不想说的话就不说，不想见的人就可以不见，永远活在爱的环境里，这该多好呀。可总有那么多的不由衷，总被强迫做了很多事情。[①]在中国传统文化中，望子成龙、望女成凤的情结非常严重，"鸡娃"[②]现象、"虎爸虎妈"现象在当代社会大量存在。父母帮助孩子成长没错，但是不能用单方控制来塑造孩子的一生。父母无权肆意修改孩子的生命成长路线，也不能一辈子都把他们牢牢地控制在手中。

---

① 鹿道森:《无需为他立碑，只愿玫瑰年年为他盛放》，2021 年 11 月 28 日，
https://weibo.com/3284194163/L3D2Wbby0，2024 年 5 月 30 日。
②"鸡娃"，网络流行词，指父母给孩子"打鸡血"，为了孩子能读好书、考出好成绩，不断给孩子安排学习和活动，不停让孩子去拼搏的行为。

美国行为主义心理学创始人约翰·布鲁德斯·华生曾在《行为主义》一书中留下了这样一段引人深思的话："给我一打健康的婴儿，并在我自己设定的特殊环境中养育他们，那么我愿意担保，可以随便挑选其中一个婴儿，把他训练成为我所选定的任何一种专家——医生、律师、艺术家、小偷，而不管他的才能、嗜好、倾向、能力、天资和他祖先的种族。"[1]这样的行为培养模式确实很吸引人，就像是雕刻一块石头，可以获得极致的控制感和成就感。然而当华生真正将这种"训练动物"的方式用在自己亲生子女身上时，其结果不禁让人唏嘘。华生采取的教育方式是完全行为主义的程式化教育方式，没有掺杂任何的情感。在孩子还小的时候，他就展现了极强的控制欲，严格控制着孩子的一切生活，甚至包括思想。为了塑造孩子的性格，矫正孩子的行为，他将他们当作牲畜一样对待，让他们度过了极其悲惨的童年。由于长期压抑感情、压抑人性，他的孩子们无一例外患上了严重的抑郁症，甚至都渴望死亡的到来。最终，华生的一个儿子在30岁时由于无法摆脱父亲的阴影而自杀。华生与前妻的两个孩子也艰难度日，女儿多次自杀未遂，儿子流浪在外、无家可归。由此可见，家长试图控制孩子一生的想法完全无法实现。

唐宋八大家之一的柳宗元写过一篇杂文《种树郭橐驼传》，其中提到，为什么郭橐驼种的树都不死，而别人就种不好？因为郭橐驼能够顺应树木的天性，依循树的习性，舒展好树根、培好土后就不再动它们，不再忧虑它们。栽种时像对待子女一样细心，栽好后就让它们自由成长，顺着树木的天性培育就可以让它们健康茁壮。而那些失败的种树人呢，培土的时候不是过紧就是过松，他们非常紧张，早晨去看看，晚上又去摸摸，人已经离开了，又回头去看看。更严重的，甚

---

①［美］约翰·布鲁德斯·华生：《行为主义》，李维译，浙江教育出版社1998年版，第95页。

至掐破树皮来观察它们是死是活，摇晃树根来看它们是否栽结实了，这样就离树木的天性越来越远。虽然说是喜爱它们，但实际上是害了它们。这就跟养育孩子异曲同工。**不带焦虑的关注才是最好的教养，不要试图用控制来造就孩子的一生。**

《奇葩说》第 4 季第 16 期的辩论话题是：如果能为孩子一键定制完美人生，你要定制吗？结果 80% 的观众选择不定制，20% 的观众选择定制。但事实上，谁都不能给孩子的一生设定最完美的路线，就像辩论人所说的："我们都接受冥冥中自有主宰，谁能接受冥冥中自有我妈？"**受到家长控制型教育影响的孩子发展到成年阶段，不易自主做决定、做判断，易对自己失望、不自信，在恋爱中容易成为"恋爱脑"。**他们会试图通过控制别人来获取安全感，拼命追求完美，极度悲观，在恋爱中容易处于被动状态，很难发展出独立的人格。

三、父母无尽争吵，带来恐惧与愤怒

"鹿道森"在遗书中，特别提到了父母的争吵，他说："只因数年来我的伤口从未得到愈合，新伤旧伤早已让我痛苦不已。讨厌争吵，就离家远一点……复杂的家庭关系，打着'为了孩子好'（的旗号），两个人互相煎熬不离婚，他们的各种脾气行为，才是对孩子最大的伤害。"[①] 父母的争吵带给孩子的伤痛非常大。有的孩子比喻说，当看到父母吵架的时候，她的脑子里面就像煎鸡蛋一样灼烧和炸裂，感觉整个世界都在坍塌。

客体关系理论认为，一个人童年的经历、与父母的关系，造就了他对待世界的基础。其人生中所有的人际关系发展都跟童年时与父母的关系有着千丝万缕的联系。孩子对父母的关系是敏锐的观察者，也

---

① 鹿道森：《无需为他立碑，只愿玫瑰年年为他盛放》，2021 年 11 月 28 日，https://weibo.com/3284194163/L3D2Wbby0，2024 年 5 月 30 日。

是不自觉的模仿者。**每个人在原生家庭中习得行为模式，长大谈恋爱时会无意识地复制父母的相处模式，形成强迫性重复**①。

父母的争吵模式会传递给孩子，孩子也会模仿父母的方式来解决矛盾，或是讨好，或是指责，或是冷漠。有些孩子也会在父母争吵时试图协调他们的关系，结果引火上身，自身难保。有些孩子会想："如果我表现得更好，比如更努力地做家务、提高学习成绩，是不是爸爸妈妈就不会再吵架？"在父母无尽争吵的原生家庭环境中长大的孩子，他们的恋爱模式容易出现混乱，他们不知道该怎样表达爱，或是用吵架解决问题，或是不断地通过表现自己来取悦爱人。

四、产生镜映效应，导致自责自卑

"鹿道森"提道："即便我身无分文，我也不敢和家里说，因为我知道，除了让我不要乱花钱以外，（他们）又会重复重复又重复地说，家里没钱。自此以后，再困难的情况，我也不会再和家里说，不愿意增加负荷，我知道家里的情况，但是更讨厌这种话语，每一句都让我觉得压力好大，多用一分钱都觉得满是愧疚……我也只是想要一个温暖的家，想要被爱，可为什么就这么艰难呢。"最后他说道："生既是痛，死则为乐……生而为人，我很抱歉。"②**父母是孩子的一面镜子，在孩子的自我认知尚不清晰时，父母的评价就是孩子自我认知的**

---

① 黄维仁博士对于强迫性重复（Repetition Compulsion）的解释如下："生命中，我们常常不由自主地与某些特定的人发生或爱或恨的关系，潜意识中借着与他们或快乐或痛苦的深度情绪互动过程，得到第二次机会，去医治过去所受的心理创伤，弥补过去的遗憾，满足小时候对自己特别重要却未能得到的一些心理需求。（We connect with people who give us a second chance to complete our unfinished businesses.）"［美］黄维仁：《亲密之旅学员手册》，中国轻工业出版社 2017 年版，第 43 页。
② 鹿道森：《无需为他立碑，只愿玫瑰年年为他盛放》，2021 年 11 月 28 日，https://weibo.com/3284194163/L3D2Wbby0，2024 年 5 月 30 日。

标准，父母的赞美是孩子自信的源动力，父母的不断贬斥会让孩子落入自卑的低谷，甚至父母的一个表情、一个动作、一点焦虑都会映射到孩子身上。

当父母反复强调家里没钱时，孩子每花一分钱都会感到"压力山大"，觉得自己不配花钱，觉得自己要表现得好才能让父母安心。这样的孩子长大后也许会非常努力，也非常需要被爱，他们的努力更多是为了证明他们在这个世界上是有用的、有价值的。在恋爱中，他们很难信任亲密关系，很难相信爱的真实存在，很难敞开自己接纳对方，更多的是在亲密关系中感到不安和警惕，就像歌曲《想爱不能爱》里唱的："想爱又不能爱心才最寂寞，无法开口却又真想拥有。"

第二节

原生家庭如何影响恋人之间的互动

《笼》（节选）

唐恬 作词

为何绚烂叫人扑空，为何爱我者予我牢笼。

为何等待都徒劳无功，为何囚人者也像困兽。

为什么？越珍贵，越浪费。

致命的伤，诞生于亲密。

越追问，越无解。

……

不甘不得不休，囚人自囚。

为爱为爱为爱，都只是为我。

　　这首歌的歌词把亲密关系带来的痛苦描述得淋漓尽致。因着亲密关系，彼此放下面具露出本相；因着相爱，彼此产生期待和投射，甚至是以爱为名的掌控；因着这些不成熟的爱，人世间的爱恨情仇和悲欢离合反复上演。那么，恋爱中怎样才能走出互相伤害的恶性循环呢？我们要不断面对自己的伤痛，处理伤痛，放下伤痛，通过认识原生家庭，从而了解他人的痛苦，宽恕他人带来的伤害。

　　请大家思考一下：为什么要探索原生家庭？探索原生家庭对恋爱有什么好处？

　　心理学上有一个概念叫作"心理图式"，它指的是每个人内心当

中都有一块心理模板，形成了固定的心理模式。对于外界信息，人们都是通过这块模板进行加工处理从而输出最终结论的。比如，害怕冲突的人，其心理图式通常是：为了避免别人的反对或者与别人发生冲突而压抑自己，他们害怕一旦发生冲突，与别人的关系就可能会破裂。一对恋人吵架，其中一个人总是采取逃避或者沉默的方式应对，其中很有可能蕴含了这样的心理图式："我不能像我父母一样吵架，他们吵着吵着就分手了。吵架会破坏关系，这样他就不爱我了，那我就失去了这段亲密关系。"或者是："我父母一辈子都不吵架，情侣之间都不应该吵架，吵架是很丢人的事情，让别人看到之后会影响我们的形象。"有些人会对与恋人吵架感到非常紧张，一定要让对方闭嘴，这其实源于他们自身的羞耻感，他们认为情侣之间发生冲突会遭到别人的嘲笑或者批驳。这些心理图式需要大家进行自我省察。

心理图式是一种习惯性的对生活的应激反应，反映一个人的自我思维模式，它使人感知、回忆和评价他人及自己。心理图式就像人类的指纹一般，彼此相似却又截然不同，因而导致了人与人之间价值观的差异。

夫妻或情侣之间的绝大多数矛盾根源于一方的心理图式无意中冲撞了另一方的心理图式。在和伴侣的相处中，对方的态度和反应并不都是针对你的。有很多人的内心隐藏着原生家庭创伤引发的情绪，这些情绪往往很负面，在普通的人际关系中并不会轻易流露出来。而亲密关系中双方的情感距离足够近，被压抑的感受才可能得以释放。所以感情中的矛盾，并不完全是由你们的沟通方式引起的，也可能源自对方对你产生了移情心理。这种移情心理主要源于原生家庭内化出来的心理图式。

心理图式的形成贯穿人的不同年龄阶段。从心理学上看，人的依恋期是在1—12岁，这是人生的第一个台阶，也是人的基本心理模式建立的时期，是性格形成的关键期。这个时期原生家庭对人的影响力最大。探索原生家庭就是为了了解自己的心理图式，认识自己，进而对自己的各种思维障碍、心理问题进行认知和重塑。**如果在婚恋关系中运用原生家庭分析方法，就可以解读与爱人的互动模式，察觉各自的心理状况，创造彼此相爱的能力。** 按照深度心理学的说法，"在引发当下人际、情绪问题的诸种因素中，大概只有10%是跟现在的事件有关系，90%可能都跟一个人的原生家庭和成长经历有关系"。[1] 我把原生家庭的模式重复总结为几句简单的话：

突然有一天，发现自己复制了父母的生活方式；

突然有一天，发现自己陷入了痛苦的循环；

突然有一天，发现自己不会向深爱的人表达爱意；

突然有一天，发现自己在爱情中活成了自己讨厌的模样。

我遇到过一个案例：

梵卉是一个聪慧又手巧的女孩，她学历不错，而且还自创了一些文创类的玩偶，挺有才华，但就是在感情方面总是出现问题，恋爱一次失败一次。她的第一次恋爱是在大学跟她的同班同学谈的。后来这个男生得了绝症，想跟梵卉分手，但是梵卉坚决不同意，她愿意跟这个男生风雨同舟，就算男生的母亲骂她说"我儿子生病都是你造成的"，她也依然对这个男生不离不弃。直到这个男生以死相逼，她才同意分手。但这个男生去世前，他们一直保持着联系。

后来梵卉开始了第二段恋情，她是在一次旅游中邂逅第二个男朋友的。两个人都是旅游达人，在国际航班上相谈甚欢，两个人的爱情也就如火如荼地开始了。但是当两个人到了谈婚论嫁的阶段时，梵卉

---

[1] ［美］黄维仁：《亲在人生路上：原生家庭三堂课》，中国轻工业出版社2017年版，"前言"，第V页。

得知这个男生患有重度抑郁症，有很强的自杀倾向。而梵卉也不能解决这个状况，两个人不得不分手。

在养好心伤之后，梵卉开始了下一段恋情。第三个男生很靠谱，她对这个男生的各个方面都比较满意，两个人走到了谈婚论嫁的地步。就在两个人登记领证的前夕，这个男生的前女友突然找上门来，而且是挺着大肚子来的，梵卉一下子就傻眼了，原来这个男生一直"脚踩两只船"。她在后来的恋情当中也是各种状况不断，结局都是不得不分手。梵卉自己也不知道到底是什么原因。

我在心理辅导的过程中了解了梵卉的原生家庭情况，她是家中的独生女。她的母亲基本上不会照顾人，梵卉从小就在家中扮演了大半个妈妈的角色，为妈妈操心，照顾妈妈起居，甚至旅行时都是梵卉充当妈妈的角色来照顾自己的母亲。她们两个的身份处于倒置状态，妈妈成了女儿，女儿成了妈妈，所以梵卉形成了一种心理图式：爱别人就是对别人无底线地付出，爱别人就要把他当成自己的孩子一样照管。这种情况有点类似于我们平时所说的有"**圣母心**"或者"**拯救者情结**"。一旦发现身处病中或者是心情低落的男生，梵卉就抑制不住自己想要照顾他的冲动。而她也特别擅长识别出需要照顾的男生，及时地在他们最需要的时候给予关怀、体贴、呵护，而这些男生在心情低落时遇到了梵卉，不约而同地被她的温暖体贴吸引，二人会迅速进入一个彼此需要的恩爱期。但一旦这个特殊时期过去，梵卉的照顾模式会失效，对方也不想找一个妈妈式的女友了，两个人的感情又会迅速降温，各种状况频繁出现。梵卉的恋爱就形成了怪圈。如果她不能摆脱这种怪圈而进入深度的自我觉察，并进行心理图式修正，那么她的恋爱戏码就会一直重演下去。

另一个辅导案例是这样的：

志云是家中的独生子，他的父母都是老师。他是班级里年龄最小的学生，从小学一年级到六年级一直坐在第一排。他个子最小、学习最好，因此总是遭到其他男生的欺凌，而他妈妈的处事原则是"吃亏是福"，一直教育他不要惹事，要学会忍让，一定不能打架。如果他与别人发生冲突，他妈妈不分青红皂白，首先会责备他。小志云也不能哭，因为他妈妈认为哭会招灾，哭了就不是男子汉。在这样的环境中，小志云学会了用讨好来生存，不敢跟欺凌自己的男生对抗，转做对方的小跟班，来保证自己的安全。他用隐忍来对待自己的愤怒，他特别羡慕电视剧里那些侠义人物，羡慕他们可以快意恩仇。

　　志云在这样的原生家庭背景下走进了恋爱，他跟女朋友恩琪在一起相处了三年。一开始，恩琪觉得自己得到了志云特别的爱，志云对她生活上的照顾无微不至：她渴了就有水送到手边，饿了就有热腾腾的饭菜备好；她想吃的水果志云都提前帮她削好皮；她不过偶尔说想吃点辣，结果餐桌上很快出现了麻辣小海鲜。但是相处久了，恩琪就觉得有点不对劲，她感觉自己一直在做坏人，而志云平时很大度，从来不跟自己大吵大闹。身边的人也都说："恩琪好有福气，找到了这么好的男朋友，你一定要收敛你的脾气，不要耍性子。"而恩琪也很痛苦，不知道自己为啥成了坏人，好像每次发生矛盾，志云都可以在道德制高点上审判自己。她很委屈，明明是志云先惹怒她，导致她发脾气，结果旁观者总是看到她在发脾气，却看不到志云挑衅她的那一面。

　　在接受心理辅导的过程中，恩琪回忆了自己的原生家庭，她的父亲早年做生意失败，进而酗酒逃避家庭责任。每次看到父亲被母亲追着骂的窘态，小小的恩琪就会觉得妈妈很过分，爸爸不过就是喝了点

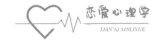

酒，妈妈骂人太凶了，自己要帮助爸爸承担家庭的重担。对于父母的关系，恩琪是"敏锐的观察者，糟糕的诠释者"，她从小就开始学会了背起家庭的包袱，觉得自己多承担一些，父母就不会吵架了；自己多做一些家务，父亲就不会那么痛苦了。在与志云的相处当中，恩琪会不断地承担志云的心理包袱，不断地为志云分担各种压力，以至于自己快被压垮了却不自知。

于是，恩琪与志云形成了一个不良的相处模式：志云习惯性隐忍，两个人在一起时，他为了讨好恩琪，总是选择顺服，但又觉得不甘心，于是就开始故意找碴儿。比如，恩琪说要去上海看望自己的姐姐，志云明明已经很疲劳了，但是又不会表达拒绝，还是开着车载着恩琪赶往上海，结果在路上就开始找碴儿，一会儿说天气太热了不适合出门，一会儿说路上总堵车不宜出行，一会儿又说恩琪的姐姐太挑剔，礼物不好准备。而恩琪习惯性地背起了志云的情绪包袱，觉得自己占用了志云的休息时间，没有做好女朋友的本分，感觉很无力，也很内疚。从上海回来之后，两个人狠狠地吵了一架，恩琪把这些年所受的委屈都讲了一遍，觉得自己就是一直被压抑，一直被身边的人当成坏人。所有的亲戚都跟志云说恩琪脾气不好，请他多担待，但是那个脾气不好的人其实是志云，他甚至还向恩琪提出了分手。

在这个案例中，我们可以看到：志云在原生家庭中受过"伤"，容易压抑自己的情感，这让身边的人都觉得他是"老好人"。然而**受过伤的人同样会伤人，他通过不断找碴儿来表达自己的不认同、不满意，一旦遭到攻击，又立刻退缩成"好人"**。其实，这是他释放不出来自己心中的压抑，而采用了隐形攻击。人们通常会因为自己曾经受过伤害而看不到自己伤人的事实，容易把自己当成受害者，把别人当成"恶魔"，深陷"受害者情结"之中。

我们穷极一生都想认知自己，而探索原生家庭就是一条很好的认知路径。通过分析原生家庭，我们可以更好地认清自我、了解自我。我辅导的一个男生非常恐惧分离，一旦女朋友不回信息，他的心就会抽紧，担心女朋友是不是出车祸了、被别人拐走了。当两个人闹矛盾之后，如果女生说"我生气了，不理你了，我要走了"，这个男生就会非常崩溃，以至于歇斯底里，宁可让女朋友跟他继续争吵，也不愿放她离开让两个人冷静一下。

经过多次辅导，我引导这个男生思考：众多的分离场景，有没有让你想到什么？他仔细地回忆了一下，想到的是自己从出生后就被送到外婆家。因为父母很忙，没时间照管他，他一出生没多久，就要每天白天被送到外婆家，晚上再被接回来。外婆很忙，要管七个孩子。他甚至"回忆"起自己半岁时被绑在床上的情景，哭了也没人管，饿了也没人及时给他奶吃，每一天只有见到妈妈的那一刻才是最开心的，可是这种开心只能持续一个晚上，第二天又是一场分离。这种状况持续了两年，在他心里留下了深深的伤害和烙印。一旦身边的人离开他，他就会有一种莫名的恐惧："你们又要弃我而去了？"他完全无法接受这种感觉，以至于丧失了清晰判断的能力。这就是原生家庭造成的分离焦虑，如果不能省察，那么他的婚恋关系都会出现问题。

原生家庭分析是我们每个人走向心理成熟的必由之路。唯有认清了自己的原生家庭，人生才能更加自由、清晰、透彻。

第三节
原生家庭教养方式与恋爱模式

《临江仙·送钱穆父》

[宋]苏轼

一别都门三改火,天涯踏尽红尘。依然一笑作春温。无波真古井,有节是秋筠。 惆怅孤帆连夜发,送行淡月微云。尊前不用翠眉颦。人生如逆旅,我亦是行人。

——《东坡词编年笺证》三秦出版社 1998 年版

原生家庭是每个人必然要经历的生存环境,就像苏轼所说"人生如逆旅,我亦是行人",这段必经之旅若不能回溯和解析,很多心理学现象就不容易溯源和了解。这一节,我们聊聊原生家庭模式与恋爱模式的关系。美国心理学家戴安娜·鲍姆林德经过长时间跟踪研究,根据父母对孩子的管束严格程度和管束特点,将父母的教养方式分为**专制、宽容、放任、权威**四种类型,如图 5-1 所示。[1]

专制型的父母会对孩子有很强的控制。这种心理控制也会传递到孩子身上,以至于孩子在亲密关系中习惯性地容易被控制及喜欢控制人,缺乏心理边界。控制分为硬性控制、软性控制和无形控制。

硬性控制很容易识别,如批评、教育、命令、惩罚、指责、羞辱、跟踪、调查、限制人身自由这些强制的控制措施。

---

[1] 参见辛浩力:《国外现代亲子关系理论观点回顾》,《教育改革》1997 年第 2 期,第 32—37 页。

图 5-1　原生家庭教养方式

软性控制有讨好、利诱、撒娇、胡闹、施苦肉计、要挟等。

无形控制有守信、承诺、保护、恩赐、以身作则，以及展示威望、自信、勇猛等。

这些控制方法都是为了达到使对方服从的目的，有些是故意而为，有些是无意中使用。心理学家阿德勒曾举过一个例子：一个 75 岁的农妇，她的儿子已经 55 岁了，还依然和她住在一起。两人同时得了肺炎，遗憾的是她的儿子死了，而她自己活了下来。当母亲得知儿子的死讯，她悲伤地说："我就知道很难将这个孩子养好。"从这里可以看出，如果妈妈不允许儿子独立，那么儿子就只能永远做小男孩，哪怕他已经 55 岁了。[①]

在电视节目《我家那小子》当中，朱雨辰的妈妈每天凌晨 4 点起来帮儿子熬梨汁，坚持了 10 多年，要求儿子必须每天喝；儿子在北京工作，她就一个人搬到北京陪着；她每天都把食物塞满儿子的冰箱；儿子拍戏的时候她全程跟着……这是一位典型的"良母"。按道理来说，朱雨辰被照顾得无微不至，应该是个幸福的孩子，事实却是，他在采访中表示自己感到压力很大，也很痛苦，因为妈妈用整个生命来

---

① ［奥］阿尔弗雷斯·阿德勒：《自卑与超越》，王晋华、黄永华译，中国妇女出版社 2017 年版，第 91—92 页。

"爱"自己,这让他感觉无以为报。朱雨辰的妈妈知道朱雨辰的每段感情,并且都会加以干涉、插足其中。这就是心理学上的"共生"现象,**共生即你的事是我的事,我的事是你的事,一切都是我们的事,完全没有心理界限。**

共生的父母和孩子在心理上都没有自我,完全生活在彼此的世界中,不给对方喘息的机会。父母应该爱自己的孩子,但是不能把所有的关注都放在孩子身上,这会让孩子感到窒息。父母不让孩子发展自我,用东北话说就是把孩子"牢牢拴在裤腰带上"。这样的孩子即使发展了一点独立的人格,想摆脱父母的控制,与父母保持界限,也会深深自责:"父母对我这么好,我还与他们划清界限,这就是不孝顺、不感恩。"最后只好被父母牢牢控制住。

哪里有控制,哪里就有反抗,在下面这个案例中,孩子为了反抗父母的控制,采取了极端的方式攻击父母,就像希腊神话中的俄狄浦斯弑父一样,导演了一场谋杀父母的行动。

事件的主人公是在加拿大生活的亚裔移民詹妮弗。詹妮弗从小是同学眼中的佼佼者,是邻居眼中的乖乖女,是全家人的骄傲。父母希望她出人头地,一直对她要求很高,目标计划早就定下,不允许她"失败",不允许她让他们失望。她也不负父母的期待,高中成绩优秀,清一色的全 A。然而成绩单其实是詹妮弗伪造的,她想让父母觉得一切都还在正轨。撒一个谎就要用无数个谎来圆。于是,詹妮弗谎称自己被大学录取了,实际上没一个学校要她。"上学"的日子,她假装去大学上课,实际上去了公共图书馆。詹妮弗的父母一直对她要求严格,不准她谈恋爱,不准她参加朋友组织的派对,不支持她参加溜冰、武术、游泳等兴趣活动。谎言终有被戳穿的那一天,她不得不向父母坦白这一切。父母怒不可遏,没收了她的手机、电脑,禁止她和男朋友来往,查她的聊天记录,甚至跟踪她的车的里程表,完完全全监控她的生活。

很多子女面对父母的控制，要么忍气吞声、言听计从，要么奋起反抗、脱离掌控。詹妮弗一边忍受着父母的控制，不敢离开家，不敢独立生活，一边积累着对父母的怨气，无法消解，各种情绪掺杂在一起，内心越来越分裂。詹妮弗越来越觉得，如果没有父母，自己的生活会更好。于是，詹妮弗和男友丹尼尔雇了三个人，夜间潜入她家，企图谋杀她的父母。结果母亲当场死亡，父亲侥幸逃过一劫。而她在现场扮演无助的目击者，还拨打 911 报了警。2015 年，詹妮弗和她男友及他们所雇的两名凶犯以一级谋杀罪被判处无期徒刑。[1]

一个身体只能承受一个灵魂，如果父母的控制密不透风，孩子就容易"精神死亡"。正如泰戈尔在《园丁集》中写的那样："花为什么谢了呢？我的热恋的爱把它紧压在我的心上，因此花谢了。"控制欲强的父母，常常会把这几句话挂在嘴边：

听我的，没错！
我都是为了你好。
爸爸妈妈不会害你。
为了你，我放弃了太多！
为了你，我受了好多委屈。
……

在父母的专制高压下长大的人在恋爱中会出现比较多的问题。一是会失去自己做判断的能力，因为父母会做主，会帮自己做决定，自己只要完全服从就好了，就容易变成"妈宝"。这样的人在恋爱之

---

[1] 徐惠芬：《亚裔女孩不堪管教雇凶杀父母》，《新闻晨报》2015 年 7 月 29 日，第 A15 版。

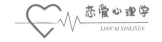

初会让对方很舒服，对方会感觉很有控制感，因为恋人什么都会听自己的，但是时间长了对方就会对这种情况产生厌烦，嫌弃恋人不能自主、犹豫不决，而且黏人。二是成为"乖孩子"，不敢表达自己的不满意，容易压抑自己，且这种压抑是变态的，很有可能会在不经意中爆发出来。**这样的人在恋爱中会习惯性地表现出乖巧，讨好、取悦对方，不敢表达真实情绪，不敢讲出真实想法，但压抑的结果不是爆发，就是分离。**以致两人分手了对方都不知道是什么原因。我辅导的一个案例就是这样，男生一直压抑自己，不愿意表达，希望对方懂自己，然而女生一直不了解男生的情况。男生在某天拉黑了女生的微信，跟女生断了所有联系，让女生感觉莫名其妙，根本不知道背后的原因。

宽容型的父母对儿童既无控制又无要求，很少动用权力和惩罚以使孩子服从。宽容某种程度上也是一种忽视。对于在原生家庭中长期被忽视的孩子而言，他们因为缺少爱，很有可能在长大之后沿袭父母的人际交往模式。**一是在表达爱的时候语言比较苍白，不太会直接表达爱和拥抱别人。**我辅导的一类人，他们从不习惯说"我爱你"，或者用肢体动作表达爱，而是用批评和挑剔来表达，他们认为这样更加有利于恋人进步。**二是当受到别人的爱和关注时会习惯性地表现得不自然，不能接受别人无缘无故的爱，无法相信爱的真实存在。**他们在人际关系中表现得很有边界感、很僵硬，不知道如何跟人相处。这类人特别须要修复与父母的关系，同时须要找到真正爱他、懂他的人。

对于长期生活在放任型家庭的孩子而言，他们长大后极有可能没有界限意识，表现为经常越界侵犯别人，因为从小没有人帮他们建立规则意识或规范他们的行为。他们常常肆意妄为、无法无天，容易出现违法犯罪行为。**这样的人在恋爱中就特别容易以自我为中心，对恋**

人索取无度，比较自恋或自私，不会关心别人，很容易被分手。

权威型家庭教育出来的孩子则比较健康，父母给予孩子适度自由的爱，是孩子的榜样，用自身影响力来引导孩子。这样的孩子长大后在恋爱中会比较成熟、独立，恋爱成功率较高，就算出现问题也能够及时处理。

第四节

与什么样的人谈恋爱最舒服？依恋理论与恋爱类型

《折桂令》

[元] 徐再思

平生不会相思，才会相思，便害相思。身似浮云，心如飞絮，气若游丝。 空一缕余香在此，盼千金游子何之。证候来时，正是何时，灯半昏时，月半明时。

——《元曲纪事》中华书局 2019 年版

"平生不会相思，才会相思，便害相思"，意思是说：我从出生到现在都不知道什么是相思，才刚刚懂得什么是相思，就深受相思之苦。其实，恋爱关系中的亲密链接像极了母婴关系中的互动，恋人之间的爱恨情仇与母婴关系中的亲密无间、掌控占有、深度依恋有着千丝万缕的联系。这一节，我们聊聊依恋关系与恋爱关系之间的联系。

依恋关系主要是指婴儿与经常接触的抚养者（特别是母亲）之间形成的持久、强烈、亲密的情感联系，具体表现为：

（一）寻求与依恋对象身体的亲近。

（二）在依恋者那里获得安全感、慰藉和丰富的刺激。

（三）依恋关系一旦遭到破坏，会造成依恋者情感上的痛苦。

由此可见，依恋关系非常类似恋爱中情人之间的彼此纠缠。依恋理论得自诸多心理实验，比较有名的如 20 世纪 50 年代美国心理学家哈洛及其团队进行的恒河猴实验。这个实验揭示了恒河猴与母亲依恋关系的特点。出生后很早就离开妈妈的小猴容易在成年时自闭、抑郁、自残。而早期得到过互动、触摸和玩耍的小猴，即便母猴妈妈是假的，也能保持正常的身心发展。[1]

一个婴儿如果没有机会与照看者建立情感联系，那他将会怎样？在一系列重要研究中，心理学家斯皮茨观察了在抚养院中长大的孩子。这些孩子出生后三到十二个月间被他们的妈妈抛弃，被统一安置在一个大房子里，与其他至少七个婴儿一起由一个护士看护。研究者发现，这些孩子在抚养院里出现哭泣、退缩、体重减轻的现象，而且很难入睡。如果婴儿的养育者不能代替婴儿的母亲，婴儿的抑郁就会迅速严重起来。第二次世界大战期间，英国政府为了避免儿童、孕妇、老人等遭受空袭的威胁，而将他们疏散到安全的地方，这个行动被称为"吹笛人行动"。当时有些父母不愿和孩子分离，将孩子留在身边，一同躲避空袭。战后的研究发现，离开父母被送到安全地方的孩子，其表现出的行为问题较之当时留在父母身边的儿童要多。

依恋理论认为，一个人儿童期的依恋关系对日后的人格发展有很大的影响。心理学家鲍尔比这样解释：**"一个不受欢迎的孩子不只觉得自己不受父母欢迎，而且相信自己基本上不被任何人欢迎。相反，一个得到爱的孩子长大后不仅相信父母爱他，而且相信别人也觉得他可爱。"**[2]早期母婴关系的品质影响了人一生的幸福感。童年的依恋经验会在成长的过程中形成个体内部独有的心理工作模式或心理表征。依恋关系如果在成长过程中没有更新，就会影响到成年后亲密关系的建立及人格特质的形成。

---

[1] 吴凤岗：《哈洛实验的启示——谈幼儿早期社交活动的重要性》，《幼儿教育》1983 年第 4 期，第 18 页。
[2] 转引自［美］伯格：《人格心理学：第 8 版》，陈会昌译，中国轻工业出版社 2020 年版，第 146 页。

大家可以根据下面的文字给自己做一个简单的依恋类型测试：

（一）我很容易与人接近，依赖他们或让他们信赖我是件开心的事。我不怎么担心被抛弃或害怕别人离我太近。

（二）与别人接近让我不安，我很难完全相信和依靠他们。有人对我太亲近时我会很紧张，恋人想让我更亲近一点时我也有点不自在。

（三）我想让人亲近我，可别人不情愿。我常担心我的同伴不是真的爱我或者想离我而去。我想和别人完全没有距离、百分百地亲密，可这个愿望有时会吓跑别人。

（四）我有种分裂的感觉，有时候想跟人亲近点，但是很快又会想保持距离，我想爱又不敢爱，得到爱又怕失去爱，我感觉我是混乱的。

以上这四种依恋类型分别是：安全型依恋、回避型（疏离型）依恋、焦虑型（先占型、痴迷型）依恋 和混乱型依恋。

如图5-2所示，四种依恋类型可以焦虑和逃避程度的高低来划分。[①]

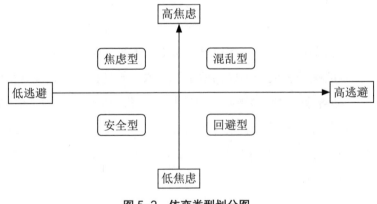

图 5-2　依恋类型划分图

---

① 参见赵亮：《依恋理论对大学生恋爱的影响及建议》，《北京教育（德育）》2021 年第 4 期，第 76—79，96 页。

第一种：安全型依恋＝低逃避＋低焦虑。[1]

安全型依恋的人在人际关系中的体验舒适，认为关系有价值，既有亲近感，又有自主性，对自我和他人都有积极的洞见，很容易与人相处并信赖对方。安全型依恋的人能忽略同伴的缺点而接纳和支持同伴，不害怕独处，也不担心走进亲密关系。

他们的心理密语：我渴望亲密，并且勇敢追寻，我不害怕关系的失败。我们可以很亲密，也可以自由保持距离。

安全型依恋的人的恋爱关系通常很令他们自己满意，他们很喜欢和朋友待在一起，喜欢在适当的时候与朋友分享自己的秘密，能宽容地接受伙伴、家人和伴侣的缺点，毫无保留地支持他们。安全型依恋的人容易发现同伴的忧虑并给予情感上的支持，很遗憾的是，这种类型的人很少。

第二种：回避型（疏离型）依恋＝高逃避＋低焦虑。[2]

回避型依恋的人的特征是崇尚独立，否认渴望亲近。他们对自我的观念是积极的，但对他人是消极的，他们怀疑那些说爱他们的人，害怕离喜欢的人太近自己会受到伤害。他们也因分离不可避免而害怕付出情感。

他们的心理密语：爱情得不偿失，只要不爱就不会受伤。恋爱这种事劳心费力，我还是凡事依靠自己好了。

回避型依恋的人最容易进入"假性亲密关系"，他们的恋爱关系看起来没什么问题。对方在尽力完成恋爱义务，但作为情侣得不到实质的关怀，感觉自己的恋人"像雾像雨又像风"，"为啥他总是跟我

---

[1] 参见龙女、傅丽萍：《不同依恋风格大学生注意偏向实验研究》，《贵州师范大学学报（自然科学版）》2014年第2期，第11—14、46页。
[2] 参见李延言、陈旭：《不同依恋风格者浪漫关系破裂后的适应：应对方式的选择》，《四川文理学院学报》2022年第2期，第66—73页。

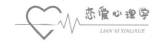

保持距离呢？我总也走不进他的心"，不确定他们是否真的在用心相处。回避型依恋的人难以给伴侣情绪支持，也不善于从对方身上寻求情绪支持，情感处于冷漠隔离状态。他们在亲密关系中不会依赖别人，对方也别想依赖他们。他们较少主动与恋人发生亲密的接触，回避卷入情感、自我表露和相互依赖，压抑与依恋有关的想法和情感，逃避亲密关系中的紧张和冲突，认为恋爱关系不必刻意维持也能很稳定。

第三种：焦虑型依恋＝低逃避＋高焦虑。

焦虑型依恋的人具有焦虑和情绪化的特征。他们过度沉浸和依赖亲密关系，在人际关系中对自我的观念是消极的，对他人是积极的，容易出现"恋爱脑"。

他们的心理密语：我渴望亲密，但是我总是忍不住会担心，我容易嫉妒，对感情十分依赖和贪婪。

焦虑型依恋的人在亲密关系中容易投入一切感情，对爱人过分依赖，过分寻求认同，害怕关系破裂。比如："我今天又和他吵架了，他没回我的信息，我就一直发。我必须要把他留在身边，他只属于我一个人。"

焦虑型的人依恋常常表现出对恋人的过分控制，从而导致恋人的疏远和回避。恋人的疏远行为又会强化他们的不安全感和担心，他们为了寻求安全感，在交往中又会更想要控制对方。他们始终难以坚信恋爱的稳定，常常为此惶恐不安。

第四种：混乱型依恋＝高逃避＋高焦虑。

混乱型依恋的人在焦虑型依恋和回避型依恋之间摇摆，行为表现不规律，时冷时热。他们对自我和他人的观念都是消极的。

他们的心理密语：我渴望幸福，但是我不愿意主动。如果你追我追得太紧，我就会想逃；如果你不追我，我又会很生气。

混乱型依恋的人渴望亲密关系又很难信任他人，他们认为和他人太亲密会受到伤害。例如，有人说："我男朋友很难搞，很像小说里的霸道总裁，用欺负我表达爱我。当我给他温暖时他嫌烦，当我累了不想付出他又不爽，他到底要怎样，是不是有受虐倾向啊！"这个男朋友的依恋类型就是混乱型的。

混乱型依恋的人哪怕多次恋爱，也难以得到他们拼命追求的长久欢乐。"我不知道我是谁，我也不知道你是谁。你离开了，我就很焦虑；你靠近了，我又怕失去自己"，他们往往不断陷入虐心的苦恋。

不同依恋类型的个体在恋爱关系中会有不同的行为模式和问题解决策略，继而极大地影响关系质量和发展。安全型依恋的个体对恋人相当信任并有充分的自信，在恋爱关系中他们会有更好的相互依赖、承诺、信任和较高的满意度。然而，高焦虑和高逃避的个体则会有较多的消极情绪和较少的积极情绪。高逃避的个体在恋爱中由于缺乏对他人和关系的信任，容易否定自己对亲密关系的需要，也很少在亲密关系中寻求支持。高焦虑的个体由于对自我价值持否定态度，总担心被抛弃，因而时常存在嫉妒情绪，以及为了确保关系安全的一些无谓的搜寻行为，继而伴有愤怒的情绪和无效的冲突解决策略。[①] 所以，高焦虑和高逃避的依恋类型特别需要觉察和改变。在辅导的诸多案例中，我发现依恋类型确实可以通过不断地自我省察和心灵成长得到改变，比如通过接受心理辅导进行自我疗愈，以及建立安全的依附关系，从高焦虑、高逃避向着低焦虑、低逃避转变。**一场令人悲痛欲绝、刻骨铭心的背叛可能会改变安全型依恋的人；一次彼此深度信任、全然包容接纳的爱情也足以让回避型依恋的人变得积极，让焦虑型依恋的人变得淡定，让混乱型依恋的人变得安稳。**

① 参见洪梦飞：《成人依恋对婚恋关系的影响》，《科教导刊（中旬刊）》2013年第6期，第130—131页。

  积极心理学家维克多·弗兰克尔在《活出生命的意义》一书中写道："人还是有可能选择自己的行为的。有足够的例证（常常是英雄性质的）说明，人可以克服冷漠，克制暴躁。即使是在可怕的心理和生理条件下，人也能够保持一定的精神自由和意识独立。"①

  所以，**我们要在不断的自我觉察中更新自己的依恋类型，向着安全型迈进。**

---

① ［美］维克多·弗兰克尔：《活出生命的意义》，吕娜译，华夏出版社 2018 年版，第 79 页。

第五节

觉察原生家庭，为恋爱赋能

《八六子·倚危亭》

[宋] 秦观

倚危亭，恨如芳草，凄凄划尽还生。念柳外青骢别后，水边红袂分时，怆然暗惊。　无端天与娉婷，夜月一帘幽梦，春风十里柔情。怎奈向、欢娱渐随流水，素弦声断，翠绡香减，那堪片片飞花弄晚，蒙蒙残雨笼晴。正销凝，黄鹂又啼数声。

——《秦观词笺注》中华书局 2021 年版

恋爱中许多问题是由原生家庭衍生而来的。一个人在原生家庭中获得的心理模式、心理创伤，会时常浮现在与恋人的亲密关系中。一个人小时候得到过充沛的爱，即使在以后的人生中遇到挫败，也会从各方面总结原因，找到根源，而不容易倒地不起、一蹶不振。**家庭氛围好的小孩，见过好的感情是什么样的，拥有对健康的爱的敏锐嗅觉，很容易就往正确的方向跑。**而那些在父母的"冷战"中长大的孩子，就像秦观所写的一样，虽然"夜月一帘幽梦，春风十里柔情"，但是却经常走入"怎奈向、欢娱渐随流水，素弦声断，翠绡香减"的境遇。他们往往要花很多力气去踢开那些糟糕的感情，要碰壁很多年，才知道哪条路是对的。

在原生家庭中没有得到足够的关怀、肯定或安全感的孩子，成人后、有了自己的孩子后，可能会有两种极端的态度。比如，小时候曾

被父母打过的人，长大后可能也不自觉地成为打孩子的人，形成心理学上所说的强迫性重复；也可能是出于补偿心理，过度溺爱、完全不管教孩子。

这里分享一个辅导案例：

志峰和欣彤是一对夫妻。欣彤幼年时，家道中落，她父亲本来是公司经理，风光无限，20世纪八九十年代就已经可以开车到处旅游，后来公司破产，父亲被众多亲戚朋友追债，从此一蹶不振，开始逃避承担家庭责任。而母亲从原来的阔太太一下子成为失意的家庭主妇，每次父亲失魂落魄地醉酒归来，引来的都是一场激烈的家庭争吵。因为平时父亲都是在外面东躲西藏，只有吃饭的时候一家人最齐全，所以母亲就经常趁这个机会狠狠地痛骂父亲一顿。欣彤从小在家，很少有吃饭时父母不吵架的经历。随着年龄的增长，欣彤每一次缴学费都感到辛酸，因为母亲总说家里没钱，而父亲去借钱后都是空手而归。在这样的家庭中，欣彤讨厌极了父亲那种不负责任的形象，发誓一定要找到一个负责任的丈夫。

志峰是家中的独生子，从小在父母的呵护下长大，连高考的专业、工作的职业都是父母帮着出谋划策做的决定，他对于承担家庭责任还没有很明确的概念。后来欣彤在工作中遇见了志峰，志峰的温暖和体贴深深地吸引了欣彤，欣彤的睿智和温柔也非常吸引志峰，两个人恋爱后结婚。开始时彼此都觉得很幸福，但是时间久了就出现问题，欣彤希望拥有一个愿意承担责任、能够单独做决定、遇见困难不退缩的丈夫，而不是一个像自己父亲一样不能担事的人；而志峰从小的经历让他不擅长自己做决定，不知道该如何承担起责任，遇到困难时总是希望有人能给他支撑。结果两人产生了矛盾。欣彤的语言越来越犀利，经常挑剔丈夫；而志峰也觉得无所适从，觉得自己一直在努力地维护家庭，为家庭付出了很多爱，但欣彤再也不像以前那么温柔了。

在这个案例中，我们可以看到这对情侣受原生家庭影响颇大，欣彤希望有一个男人可以超越父亲，为她挡风遮雨，却发现丈夫连自己的雨都不能遮挡，令她很失望。这两个人都须要发展自己的人格，欣彤须要内观觉察自己在原生家庭的成长过程，**不能把对父亲的期待转移投射给丈夫，不能把对内在父亲的攻击转移到丈夫身上**；而志峰也要突破原生家庭的成长路径，成为一个成熟有担当的男人。

网络上有一张"关系序位蝴蝶图"，非常形象地概括出了一个孩子所受的诸多影响，包括父母两大家族的亲缘体系、所处国家，以及民族、文化、习俗、宗教等方面的影响。一个人如果不能剥离各种关系认识自己，就极有可能在这复杂的关系序位中迷失，无法与自己自洽相处。

从心理学的角度来说，十二岁以后的孩子已经在心理上形成了固定的人格，虽然离家读书与父母有了空间距离，但内在的父母却固化在他们的潜意识中，形成了内在小孩与内在父母之间各式各样的互动。比如，**原生家庭中的父母对一个人从小的挑剔和不认可会转化为内在父母的监督，让内在小孩拼命追求完美，拼命要被别人认可**。再比如，原生家庭中父母给予孩子的爱和接纳会转化为内在父母的柔和力量，让内在小孩有去爱人的动力和支撑；原生家庭中父母的冷漠和隔离，会转化为内在父母的指责和无情，让内在小孩害怕在关系中受伤，不愿意与人建立关系。从这个角度来说，传统的"衣锦还乡"也是内在小孩获得认可、向内在父母炫耀胜利的方式。

再分享一个辅导案例：

　　志远和春华在恋爱之初相处得不错，但是时间久了，两人就问题不断、争吵频繁。我去他们家里辅导时，看到的是乱七八糟的客厅和杂乱无章的房间，以及两个人"一点就爆炸"的关系。在辅导中，我帮他们回溯了原生家庭：志远从小生活在情感隔离的家庭，父母都不会表达爱，就像冷冰冰的机器一样，既不跟他沟通，也不会细致地关注志远的生活，所以志远也不知道怎样表达爱。而春华从小被送到亲戚家寄养，经常要看人眼色行事，那种寄人篱下、不被接纳的感觉一直存在于她心中，所以跟志远在一起之后，她特别希望被关爱、被体贴，希望有一个温馨时刻可以和志远好好聊聊。

　　志远不知道该怎么向春华具体表达爱，认为做家务就是爱对方，但春华的独立性很强，根本看不上志远收拾的房间，觉得他收拾得不够干净，还不如不收拾。结果，志远做了很多家务，反倒被春华挑剔，感觉很受伤；春华也感觉不到志远的爱，逐渐有了抱怨和指责。志远在春华抱怨时瞬间就想起了自己小时候被妈妈骂的样子。妈妈说他"不能承事""啥也做不好"，而春华抱怨他"这点家务都收拾不好"，这让他心里产生了愤怒和厌恶，所以干脆放弃做家务，甚至控制不住与她大吵一架。这样一来，春华更加不开心，也对这个小家失去了耐性。于是就形成了我在他们家看到的一幕，家里乱七八糟，关系如火药一点就着。

　　在这个案例中，**第一，两个人都须要回溯到原生家庭中自我省察**，同时体会两个人当前的相处模式跟原生家庭有哪些关联，并学会克服用在原生家庭中形成的心理模式来对待彼此。比如，志远要思考：自己的冷漠从何而来，春华的挑剔是怎样形成的，为什么自己无法控制情绪，情绪爆发的瞬间想到了什么场景。**第二，两个人要学会**

使用爱的语言，爱不是要更加努力，而是要更有智慧。最有效的爱是满足对方的需要，而不是强人所难，不健康的爱会带来束缚，不成熟的爱会导致双方身心俱疲。

大家可以思考下面的问题，来觉察自己的原生家庭模式：

（一）你与父母的关系如何，与父母的互动模式是怎样的？你父母之间的关系如何，父母与其上一代之间的关系如何？思考这些关系如何影响了你的恋爱。

（二）在原生家庭中，你的个人隐私被尊重吗？你拥有个人空间吗？思考你的个人边界状况。

（三）在原生家庭中，吃饭时一家人的位置怎么坐，互动模式是怎样的？思考家庭成员相处的具体模式。

（四）家庭的决定是谁做的？大部分事由谁决定？判断你的家庭序列。

（五）家庭冲突如何处理？父母吵架时是怎样的？你受到了哪些影响？

（六）家人之间如何表达亲密和关心？判断家庭中爱的语言的表达方式。

（七）家务如何分配？家庭成员分别做什么家务？思考家庭工作分配。

（八）有哪些原生家庭的特点是你并不想带到恋爱和婚姻中的？

（九）你在幼年是否跟父母分开生活？他们对你的教育方式是怎样的？

（十）你的家庭给你带来哪些正面的价值观，并让你想带入恋爱和婚姻，以汲取其中的正面力量？

觉察原生家庭是一条漫长的路，不幸的童年要用一辈子来疗愈。

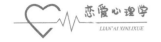

但是，这条疗愈的路也是我们的内在小孩不断成长的探索之路，是我们无法逃避的人生之路，也是拥有良好婚恋关系的核心之旅。我们要直面原生家庭的脆弱，学会拥抱我们的内在小孩，去找到我们内在本自具足的丰盛。不管需要多长时间，只要我们坚定地走在这条路上，就能够穿越自己的脆弱，最终与那个圆融自在的真我相遇！

推荐阅读

1. ［美］黄维仁：《爱在人生路上：原生家庭三堂课》，中国轻工业出版社 2017 年版。

推荐理由：黄维仁博士是国际著名婚姻专家、顶尖华裔心理学家、旅美临床心理学家，是当之无愧的"爱情博士"。这本书由"过去的原生家庭如何影响今天的生活""原生家庭故事""卸下背包里的石头，快步走在人生路上"三部分组成。"所有的爱情关系都是亲子关系"，读完这本书，你会理解为何原生家庭对你的婚恋影响如此之深！

2. 武志红：《为何家会伤人》，北京联合出版社 2014 年版。

推荐理由：武志红对于中国式的家庭有着深刻的感悟和洞见。他的书通过精神分析的方法来碰触你内在的婴儿，找到中国式家庭的轮回链条，最后剖析出生命发展与原生家庭的张力，会让你豁然开朗，重新认识原生家庭。

3. ［美］维吉尼亚·萨提亚、约翰·贝曼、简·格伯、玛利亚·葛莫莉：《萨提亚家庭治疗模式》，聂晶译，世界图书出版公司北京公司 2007 年版。

推荐理由：萨提亚女士开创的家庭治疗方法在心理学界有重大影响，她对于家庭系统疗法有深度的理解和丰富的实操经验，在家庭治疗领域具有重要的引导作用。作者在这本书中道："我们不能改变过去的事情，但是可以改变它们对我们的影响。

Chapter Six

第六章

恋爱与不良 PUA

第一节

社会版本不良 PUA

《声声慢·寻寻觅觅》

[宋]李清照

寻寻觅觅，冷冷清清，凄凄惨惨戚戚。乍暖还寒时候，最难将息。三杯两盏淡酒，怎敌他、晚来风急。雁过也，正伤心，却是旧时相识。　满地黄花堆积，憔悴损，如今有谁堪摘。守着窗儿，独自怎生得黑。梧桐更兼细雨，到黄昏、点点滴滴。这次第，怎一个、愁字了得。

——《漱玉词注》齐鲁书社 2009 年版

李清照这首《声声慢》广为流传，一旦被不良 PUA，便只有"凄凄惨惨戚戚"的悲剧结局。PUA，译为"搭讪艺术家""恋爱大师"，泛指通过学习使用各种技巧，吸引异性，使异性着迷，也可指搭讪或两性交往的艺术。它起源于美国，本意是教授男性一些合理的社交技巧，帮助他们更好地建立一段情感关系，但随后 PUA 的初衷被歪曲，掺杂了许多情感欺骗和心理控制的元素，目的也渐渐不纯，一些人通过使用各种套路，骗色骗财，演变为不良 PUA。

2019 年，连云港市、县两级公安机关网安部门成功查处一起搭建网站兜售非法 PUA 教程，传播涉及实施诈骗、淫秽色情等违法信息的案件。公安部门对违法行为人网上售卖的 2000 G 网盘进行逐一梳理后，发现该违法违规的非法 PUA 教程把女性直接称为"猎物""宠物"，教唆男性学员伪装成成功人士，诱惑涉世不深的女性以骗取财物，或

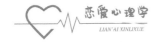

传授如何通过暴力征服让女性崩溃、失去理性，甚至不惜自杀。^①这些非法 PUA 教程具体的课程内容包括自尊摧毁陷阱、情感虐待陷阱、禁术自杀鼓励、一夜速推等。这些令人心惊肉跳的卑劣方法、恶劣行径已经突破道德甚至法律底线，令人发指。有些非法机构甚至以一周与三位女性发生性关系作为 PUA 门徒考核指标。在国内多家知名网站上，不良 PUA 与诱奸、骗财、骗婚联系在一起。公益反 PUA 人孔维维说："类似经历对女性心理造成的创伤几乎是不可逆的，受创伤后会怀疑男性，有仇视、厌恶男性的心理，有的甚至患上了躁郁症，短时间难以修复。"^②

腾讯新闻《和陌生人说话》栏目有一期节目叫作《猎艳者：如果"把妹"是场游戏，那我要玩到最强王者》。这期节目全面揭露了不良 PUA 的套路，从而引发全网对不良 PUA 的曝光批判。^③这里我根据网上整理的资料给大家简单介绍最流行的不良 PUA "五步陷阱法"，让大家提高警惕，预防被骗。

"五步陷阱法"的第一步是建立人物形象，构建一个好奇陷阱。

不良 PUA 者通常会在网络或者一些娱乐、文艺场所物色自己的"猎物"，当完成第一步接触后，他们会通过谈话或在朋友圈包装，向 PUA 对象展示他们的虚假形象，创造故事性，以勾起 PUA 对象的好奇心。

比较典型的虚假形象有三种：事业有成但人生坎坷的"帝王"；

---

① 江苏省"扫黄打非"工作领导小组办公室：《连云港网警查处全国首例发布违规违法 PUA 信息案件》，2019 年 5 月 23 日，https://www.jssxwcbj.gov.cn/art/2019/5/23/art_79_64736.html，2024 年 5 月 30 日。
② 赵丽：《不良 PUA 扎根网络成新型精神鸦片》，《法制日报》2019 年 6 月 21 日，第 4 版。
③ 中国反邪教官方公众号：《以爱之名，施以极刑：PUA 的新型精神控制》，2019 年 12 月 8 日，https://baijiahao.baidu.com/s?id=1653201337762485827&wfr=spider&for=pc，2024 年 5 月 30 日。

离经叛道且受过伤害的浪子；才华横溢且随性自我的诗人。

他们往往会进行三个层次的交谈。第一个层次：抛出有趣的话题。比如旅游的见闻、在南极的一段冒险、与部落公主谈恋爱却被抢婚等，这种奇特搞笑的故事既有趣又能展现他们的高价值感——"我有钱也有品位"。

第二个层次：展示神秘曲折的个人经历。如：他曾和一位姑娘海誓山盟，却为了他身边的兄弟而放弃爱情，反而遭到兄弟嫉妒而被陷害……仿佛《基督山伯爵》的翻版。这种个人经历既能展现出他们深情的一面，同时又在释放魅力。

第三个层次：展现特立独行的价值观。如：他现在已经考虑退休，因为他已经实现了财富自由。虽拥有高学历、高收入，但这些都不是他想要的，他想花一段时间思考人生，最好能有人与他同行，思考人生的真谛。他们总是变着法地强调："我很强大，很牛！"①

"五步陷阱法"的第二步是构建引诱探索陷阱，目的是请君入瓮。

这一步会颠覆之前的虚假人物形象。不良 PUA 者会展现出三大"呻吟信号"：疲惫——无所不能的"帝王"，在一瞬间有了疲惫；善良——游戏人间的浪子之前受过很重的情伤，但是忽然有了一丝柔情；易碎——优雅的游吟诗人身上拥有那么怆然惆怅、忧郁伤感的一部分。

当然，三种虚假形象和三种"呻吟信号"可以有九种不同的组合，这些组合都是通过制造反差让女性产生一种幻觉："没有人知道，其实他还有这　面，而我是他最独特的倾诉对象。"尤其当他们说"我只跟你说啊……"的时候。

"五步陷阱法"的第三步是构建入迷陷阱，进行暧昧诱导。

---

① 刘斌志、何冰冰：《主体性视域下青少年不良 PUA 的操控机制与社会工作介入策略》，《青年发展论坛》2020 年第 6 期，第 30—42 页。

在这一过程中，不良 PUA 者会不断说一些话暗示女性对其的心意，诱导女性向其表白并与其建立正式关系。如："你怎么对我这么好？""其实你潜意识里很在乎我。""虽然你没说，但是你的心灵是诚实的。"

"五步陷阱法"的第四步是构建自尊摧毁陷阱，让人欲罢不能。

这一步进入了贬低打压阶段。当女性沉浸在美好的爱情中时，不良 PUA 者却开始态度大转变，从前他们夸赞女性的种种，现在他们会放大对方生活中的每一个错误，让女性陷入自责和后悔之中。他们用女性的内疚做武器，让女性恨不得插自己几刀，并采取各种行为想要挽回这段关系。具体的自尊摧毁方法如下：

步骤一：刻意寻找错误点。比如，女性如果没有接电话，就会被抓住不放。不良 PUA 者可能会说："我的家人遭遇了车祸，我精神崩溃了，晚上我给你打电话，结果无法接通。我们说好了大家都要 24 小时在线，我做到了，可是你却没有，你根本不在乎我，你从来没有爱过我！"此时女性往往想要解释，表明自己的想法并非如此，希望得到认同。

步骤二：放大错误点。不良 PUA 者此时会说："就是现在，当我这么伤心说出自己的痛苦的时候，你还在辩解，其实这才是最让我伤心的。你只喜欢那个阳光快乐的我，当我需要你的时候，当我脆弱的时候，你就会袖手旁观。我不能容忍的不是你不接我电话，而是你对我情感的漠视。"他们会反复强调"都是你的错导致了这段感情的毁灭"，还可能用痛哭、流泪、抽烟、嚎叫、砸东西等行为加重 PUA 对象的愧疚。而女性很可能为了挽回对方而导致尊严尽失，价值感越来越低，内疚感越来越强，强烈地想要补偿自己的"错误"，最后交出自己任不良 PUA 者摆布。

步骤三：贴负面标签。不良 PUA 者会对 PUA 对象说"你就是一个自私的人",然后列出自己的付出清单。或者给 PUA 对象贴标签: "你根本不爱我,你根本不爱任何人!你就是一个'情感吸血鬼'!"

步骤四:给予内疚的最后一锤。不良 PUA 者会通过一些话术让 PUA 对象感到内疚,如:"是你毁掉了一切,我已经爱上你了,可是你却只是利用我的真心而已。我们不要聊了,以后不要联系了,我们结束了,你继续玩吧,我不陪你受虐下去了,再见!"

此时,女性通常会产生两种情绪:第一种是**委屈**,觉得自己没有做错什么,一切都是误会,她拼命想要解释却被不良 PUA 者越抹越黑,被批判得体无完肤;第二种是**自责**,女性可能完全被洗脑,觉得"都是我的错,我是一个烂人,我真的配不上你,我可以做任何事来挽回这一切"。

步骤五:情感虐待。这是性质最为恶劣的一步,已触及法律犯罪的边缘。正如第四步中所描述的,女性会失去理智,想通过各种行为挽回感情,而不良 PUA 者只是冷眼观察,似不经意间说一句"你不是没有我不行吗,你证明给我看啊",来鼓励女性自杀示爱。此外,不良 PUA 者还会以各种方式榨取女性的财物,偷偷拍摄女性的"床照",将不雅视频用作操纵女性的把柄,也作为自己炫耀的资本。看完这些大家可能已经感觉不寒而栗了,所以一定要有安全防范意识,不要被欺骗,不要中了不良 PUA 者的圈套。

第二节

心理控制与不良 PUA

《山花子·风絮飘残已化萍》

［清］纳兰性德

风絮飘残已化萍，泥莲刚倩藕丝萦。珍重别拈香一瓣，记前生。　　人到情多情转薄，而今真个悔多情。又到断肠回首处，泪偷零。

——《饮水词笺校》中华书局 2005 年版

很多女生被不良 PUA 后，都是悔不当初，如词人写的"而今真个悔多情"，最后只能"泪偷零"。这一节，我们聊聊恋爱中的心理控制和反对不良 PUA 的具体案例。首先，我们来思考下人为什么要进行控制。从心理学的角度讲，每个人在这个世界上生活，想要达成愿望、满足需求，都要对自身和环境进行掌控。

当口渴时，我们会端起水杯送到嘴边把水喝下去；当饿了的时候，我们会用筷子夹着饭菜放进嘴里，把饭菜吃下去；洗澡的时候，我们需要花洒可以喷出水来……我们在需求或欲望的推动下，以意志支配行为，达成自己的愿望、满足自己的需求。与此同时，个体相应地会有一种"一切尽在我的把握、掌控之中"的内在体验和心理状态，这叫作"控制感"或"掌控感"。每个人都有掌控或控制的欲望，即控制欲。实际操控能力比较强的人，更容易实现其控制欲。实现控制欲时，个体会有种"手到擒来""心想事成"的感觉，会觉得内心比较踏实，有安全感、确定感、自信感、自主感和全能感。

对外界和自身的控制体现了个人意志的自主和自由，不仅能够提高自我价值感、幸福感，还能提升自身的主体地位和权利。比如，婴儿如果一哭，立刻就能得到妈妈的共情回应，婴儿就是通过哭的行为，对妈妈进行了控制，兑现和满足了婴儿的自恋需求。又比如，从事管理工作，进行相应的管理和资源配置，操心费力很辛苦，工资也不高，为什么仍然有很多人喜欢当管理者呢？因为，管理工作会让人有控制感，能够命令、影响他人，甚至做到一呼百应，能够有效提高自身的控制感、自恋全能感和幸福感。[①]

在所有的关系中，包括恋爱关系中，都存在着控制感。简单来说就是"你得按照我的想法来"，让别人围着自己转，从而获得一种自恋满足。男女之间的恋爱关系也是一种依恋关系，这种依恋关系体现为留恋、舍不得、依赖、珍惜等关系特质。**恋人之间为了满足依恋的需要就要去控制爱的客体，以保持长期稳定的依恋情感链接**。这是在恋爱中存在精神控制的一个重要原因。

当然，适度的控制感会让双方感觉到安全、受信任和亲密，双方互相为爱而付出，彼此让渡一定的权利，就像一首歌里唱的一样："你爱我，我爱你"，然后就变得"甜蜜蜜"。"你"因为爱"我"而听"我"的指挥，会让"我"觉得很有幸福感、满足感，但是一旦其中一方试图完全控制另一方的一举一动，或者不断地利用各种手段来控制另一方，那么这就是病态的心理控制。比如：你一天不跟我联系就是不在乎我了；我必须完全了解你的每一条聊天记录；你跟什么人接触都必须要如实在我的掌控当中；你要是不跟我主动示好，我就不理你了……长此以往，两个人就会因相处别扭、不自由而分手。

美国作家帕苹丝·埃文斯的《不要用爱控制我》，列举了关于爱

---

① 参见丛中:《谈"控制感"》，2015 年 2 月 10 日，https://mp.weixin.qq.com/s/CPvsuQoWNi6VL0JeJVUbFg，2024 年 5 月 30 日。

的控制的种种案例。美国心理医师苏珊·福沃德指出，"情感勒索"或者"情感控制"是一种强有力的操纵方式，指关系中一方利用另一方的恐惧感、责任感、罪恶感控制对方，满足自己的需求。[①]通常，一次完整的情感勒索会有三个环节：

（一）提要求——抗拒。

（二）再施压——感到压力。

（三）不断威胁——屈服。

恋爱中的不良 PUA 者不一定都是男生，男女双方都可能会用到 PUA。恋人之间如果有人不小心使用了这些方法，一定要自我反省，这是不成熟的相处模式。长期使用 PUA 会伤害对方导致分手，甚至造成恶劣的后果。

有网友制作了一段视频，可谓电视剧《情深深雨蒙蒙》中依萍教科书式反"渣男"PUA 教学。这个视频提到的第一个不良 PUA 模式是要求对方唯命是从、完全在掌控之中：**你必须符合我的一切要求才算爱我，稍有违逆就是不爱我，爱不爱完全由我来定义，你要承担破坏关系的责任。**视频中，书桓对依萍说：你不跟我共鸣就是不爱我，咱俩分手的责任都在你。这背后隐藏着的话语是："你必须服从我，不听我的就是不爱我。"这就是情感控制。依萍对抗书桓的绝招是理性分析和自信，书桓为依萍"扣帽子"，希望依萍跟自己有共鸣、对自己言听计从，依萍直接反驳：感情是建立在相互了解的基础上的，为什么要求我和你共鸣，你却不来和我共鸣呢？从这点可以看出，依萍对感情绝不"盲从"，她知道感情的真谛是互相的爱，而不是一方对另一方无条件地付出。

第二个不良 PUA 模式是设置双重标准，即我可以这样做，但是你

---

① 参见谭清蓉：《情感勒索：令人窒息的爱》，《中国妇女报》2021 年 12 月 6 日，第 7 版。

不行。书桓对依萍说：我拥抱如萍是情不自禁，我犯了男人都会犯的错误，但是你不能犯错，你犯错就是人品有问题。这是典型的双重标准。欲加之罪何患无辞？书桓只为自己辩护，变相逃避过责。

第三个不良 PUA 模式是"甩锅"脱责：先推卸自己的责任，在不知不觉间把责任推给对方；为了掩饰自己的问题，转移话题，试图增加对方的内疚感。书桓的话术是：如果你不拦着我，梦萍就不会失身，是你挡住了我当英雄、行侠仗义的脚步。当书桓要求依萍为梦萍的遭遇负责时，依萍条理清晰地反驳：那是梦萍自己出的问题，并不是我的错，为什么我要负责？从而杜绝了书桓的道德绑架和情感操纵。

从上面三点来看，依萍逻辑清晰且有边界感、底线原则和自信，并不是那种"别人说我不好我就承认自己错了"的人。无论书桓如何用情感绑架的方式逼她听从，**她都有自己不可侵犯的原则，她不怕因为表明态度而得罪书桓，只怕为了这份爱失去自己**，这样的爱情更有可能健康良性发展。[①]

无论多爱对方，都应该有自尊、自由地去爱，失去了自尊和自由，这样的恋爱就不妙了。下面是一些在恋爱当中常会遇到的心理控制句式，大家要结合具体语境，对这类句式有所防备。

（一）我遇到过很多漂亮的女生，但我唯独选了你。（这句话意味着我高你低，有一种"选妃子"的意味，体现了尊卑感）

（二）跟我在一起，是我逼你的吗，不是你自己愿意的吗？（这句话在特殊语境当中可能是推卸责任，即"跟我没关系，是你自己情愿的"）

（三）我爱你，可是你总让我失望，我感受不到你的爱。（这句话里的期待感很强，意味着"满足不了我的期待就是你的错"）

[①] 参见吕斌：《被情感操纵的人有多可悲》，《家庭医学（下半月）》2020 年第 4 期，第 48—49 页。

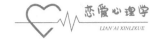

（四）你既然口口声声说爱我，为什么不能相信我？（这句话里带有道德绑架，"爱我却不相信我，你的道德有问题"）

（五）我难道没有自己的事要做吗？你以为我和你一样那么闲吗？（这句话意味着"我工作很忙所以不能陪伴你，而你是个闲人"，一方面为自己开脱，另一方面也有指责的味道）

恋爱中还有很多类似的心理控制话语，大家平时要注意分辨，要记住：爱不是控制，过度的控制和绑架会让人失望受伤。

第三节
恋爱中的煤气灯效应

《长相思》

[明]俞彦

折花枝，恨花枝，准拟花开人共厄，开时人去时。　　怕相思，已相思，轮到相思没处辞，眉间露一丝。

——《全明词》中华书局 2004 年版

　　这一节，我们聊聊在恋爱中存在的煤气灯效应，让大家加以警惕和自我保护，避免像这首词中提到的"折花又恨花，怕相思又相思"的尴尬境地。在心理学领域，"煤气灯效应"指一种心理操控手段描述为，指的是对受害者施加的情感虐待和操控，让受害者逐渐丧失自尊，产生自我怀疑，无法逃脱。美国心理学家罗宾·斯特恩结合二十年的临床经验创作了《煤气灯效应：如何认清并摆脱别人对你生活的隐性控制》。该书出版之后，煤气灯效应被广泛地运用于心理学（尤其是临床心理学）学科领域。《煤气灯效应：如何认清并摆脱别人对你生活的隐性控制》一书指出，煤气灯操纵不一定包含以下列举的所有经历和感觉，但如果你在一段情感关系中符合下列任何一项情况，就应额外留意。这里节选了部分情况：

　　1. 你经常反复质疑自己，怀疑自己的能力。

　　2. 你每天数十次地问自己："我是不是太敏感了？"

3. 你总在向父母、男友（女友）和领导道歉。

4. 你经常考虑自己是不是一个合格的伴侣、员工、朋友或子女。

5. 你想不明白，为什么生活里有那么多精彩的事，你却总是不够开心。

6. 你给自己买衣服、给自己的公寓买家具，或者买其他的个人用品时，脑子里却一直考虑的是他（她）喜欢什么，而不是自己喜欢什么。

7. 你发现自己开始对朋友和家人隐瞒某些信息，你经常在朋友和家人面前为伴侣找借口。

8. 你知道出了严重的问题，但你就是没办法表达清楚，甚至连自己也搞不清原因。

9. 为了躲避伴侣贬低你的言语和对现实的扭曲，你开始撒谎。

10. 你连简单的事都拿不定主意。

11. 在伴侣回家之前，你会先在脑子里过一遍自己这一天做错了哪些事情。

12. 你觉得自己现在和以前大不相同——以前更自信、更爱玩、更放松。

13. 在情侣面前你觉得自己做什么都不对。

14. 你的朋友、家人开始在你的伴侣面前保护你。

15. 你感到绝望，郁郁寡欢。

作者列举了煤气灯操纵者的三种类型：[1]

第一种是魅力型煤气灯操纵者。

他会送你一束玫瑰，令你神魂颠倒，但是约会经常迟到三小时，

---

[1] [美] 罗宾·斯特恩：《煤气灯效应：如何认清并摆脱别人对你生活的隐性控制》，刘彦译，中信出版社 2020 年版，第 7—20 页。

或者拒绝在确定的时间到达。当你抱怨时，他反过来指责你控制欲强、多疑，或者缺少激情。

他不断用浪漫的举动来给你制造惊喜，不过这些举动往往和你当时的感受不匹配，你没有真正的快乐可言。但他看起来对自己所做的努力很满意，于是你心想："到底自己有什么问题，他对我这么好，我居然不开心。"

他时而给予你最非凡的心理、情感或性爱层面的体验，时而又对你的需求置若罔闻，冷漠到极致。当他回应你的时候，你感到狂喜；当他不理你的时候，你责怪自己。

他慷慨、乐于奉献，但偶尔也会大发雷霆，一句话也不说，又或者像孩子一样扮可怜。尽管他没有直接责怪你，但你还是确信那是你的错，虽然你也不知道到底做错了什么。

这种煤气灯操纵极有迷惑力，表面看起来这段恋情一切都不错，对方是一个充满魅力、温柔多情的"唐璜"，但是你就会感觉不舒服，主动权被对方牢牢抓住，你的情感、理智、思维都已经是对方掌中之物，甚至被送上不归路时你还执迷不悟。

第二种是好人型煤气灯操纵者。

他好像为爱奋不顾身，他为人忠诚厚道，周围人对他都赞誉有加，让你说不上来哪里有问题，但是恋爱相处时你就是感觉不舒服。**请你观察一下：他是否总在努力取悦你或其他人？他是否主动提供帮助、支持，或主动妥协，结果却让你感到沮丧或者不那么满意？**他是否愿意跟你协商家庭、社交或工作方面的安排，但你却觉得自己的需求得不到倾听？他似乎极愿意付出，甚至自我牺牲，你虽然看起来已经得到了想要的东西，但是感觉总好像变了味道。他像蜡烛燃烧了自己，而你却感觉到一半是火焰，一半是海水。

你是否觉得好像所有事情最后都顺了他的意，但你却不清楚这一切是怎么发生的？你是否觉得好像从来得不到自己想要的东西，但又

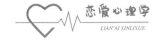

说不上来有什么可抱怨的？你是否会这样形容自己：你处在一段幸福的关系里，但出于某些原因，你对生活总体来说感到麻木、提不起兴趣，甚至颇为气馁。

他是否会询问你这一天过得如何，然后认真倾听，体恤地给出回应？但不知怎的，对话结束后你反而感觉更糟了。

这种煤气灯操纵让人欲罢不能，明明是遇到了众人口中的"暖男"，你却处处生活得不自在。对方似乎努力维持自己的"好人"形象，甚至极力地讨好、不吝啬地付出，而你必须感恩戴德地接受他的好处，服从他的好意，听从他的规划，否则你就是忘恩负义的"白眼狼"，是对方口中"不知好歹""不懂感恩"的人。

第三种是威胁型煤气灯操纵者。

他经常盛气凌人、嫁祸于人和刻意隐瞒自己的过失。人前人后，他是否经常贬低你，或者找其他方式来表达对你的鄙视？你让他不高兴的时候，他是否经常对你实施冷暴力？无论是因为他指望你顺从他的意思，还是你让他不高兴，他是否都想惩罚你？

他是否经常或周期性地大发雷霆？你是否因为他在场或仅仅因为想到他就觉得害怕？你是否觉得他经常嘲笑你，无论是公开的，还是打着"开个玩笑"或"逗你玩"这样的幌子？他是否经常威胁你说，如果你让他不高兴，他就离开你？又或者暗示过要离开？

他是否经常勾起你最深的恐惧？比如，他会说："你又来了，你可真难伺候！"或者说："没错，你跟你妈一个样！""我早晚会彻底收拾你，我们一起毁灭吧！"

这种煤气灯操纵者比较容易识别，各种的碾压、指责、贬低、暴力、惩罚都会在其身上充分体现。对付这种操纵者最好的方法就是摆脱其控制，与其划分好界限：**你"出口成脏"，不要试图把污水泼在我身上，我不能接受无端的指责和谩骂，也不会因为恐惧亲密关系破裂而屈服。**

第四节

恋爱中的七种不良 PUA 者

《梦江南·千万恨》

「唐」温庭筠

千万恨，恨极在天涯。山月不知心里事，水风空落眼前花。摇曳碧云斜。

——《全唐五代词》中华书局 1999 年版

谈恋爱本来是为了享受甜蜜、温暖和欢乐，如果出现像词中写的"千万恨，恨极在天涯"的消极情况，那多是因为恋爱中存在不良PUA，它就是爱情中的"伤心小箭""绝情钩"。结合生活中的实际情况，我把恋爱中的不良 PUA 者整理为以下七种类型。

一、负向场域制造者

负向场域制造者的口头语是："我不高兴，你也别想高兴。"他们是"踢猫效应传递专家"，黑化程度三颗星（★★★）。

"踢猫效应"是指对弱于自己或者等级低于自己的对象发泄不满情绪而产生的连锁反应。这一类人是典型的负面情绪传递者，他们会让身边人感到被压抑、被控制，不敢快乐，不能快乐。比如，这位黑化魔法师因为某件事情不高兴——这件事情可能是因你而起，也可能跟你毫无关系，你只是碰巧在他身边而已，他很可能会故意在你面前摔东西、对你冷言冷语、含沙射影地贬低你，甚至吹毛求疵地指责你

做的每一件事情。

负向场域制造者会让周围的人小心翼翼地生活在他所布下的感情地雷区。作为他身边的人，你会想："哎呀，他今天心情不好，我可要小心，不要惹他生气，否则大家都不好过。"久而久之，你不但会改变自己的正常生活程序去讨好他、替他解决问题，而且会被他的情绪左右，活得小心翼翼、如履薄冰，**直到有一天你发现自己不是在为自己而活，而是在为这个负向场域制造者的喜怒哀乐而活着**，他的每个表情都控制了你，使你心惊肉跳，你已经落入他的掌控之中。

遇到负向场域制造者的对策：不要再看他的脸色，不要为了照顾他的心情而改变自己的计划。如果他这次发作成功地操控了你，他下次就会变本加厉。不要让他得逞，不要让他破坏你的心情。要让他学会为自己的行为负责，学会用健康的途径与你交流。①

二、自我牺牲者

这类人的口头语是："我这么帮你，你要拿什么回报我？""我都是为你好，我为你做了那么多，你以何为报呢？"他们的潜台词是："爱是有条件的，我期待你跟我交换。"黑化程度五颗星（★★★★★）。

这类人善于利用"自我牺牲"操控他人，他们在自己为别人做的那些"善事"方面，记忆力尤其好，好像他们脑子里有个小本子，专门记录某年某月某日做了什么"好人好事"。最关键的是在你们有矛盾时，他会把这些拿出来作为攻击你的武器，来证明他是多么爱你，而你是多么忘恩负义、自私自利，你是天下最不知道感恩的人。英国作家威廉·索默塞特·毛姆在《刀锋》中写道："自我牺牲是压倒一切的情感，连淫欲和饥饿跟它比较起来都微不足道了。它使人对自己人格

---

① 陈素娟：《幸福婚姻心理学：升级版》，华中科技大学出版社 2022 年版，第 41
—47 页。

做出最高评价，驱使人走向毁灭。"①

有人分享过这样一个关于情绪操控者的案例：

晓梦长期遭受来自母亲不自觉的情绪操控。这种情绪操控非常厉害，可以让一个健康的人退化、抓狂，也导致晓梦的婚姻破裂。

激烈的冲突发生在婚礼上。晓梦的母亲因为男方收错礼金而大发雷霆，母亲一把鼻涕一把泪，痛诉自己如何辛苦养育女儿："我为你付出了这么多，你这个不孝女根本就不懂得回报！"这让晓梦觉得无地自容。后来，母亲搬到晓梦家跟他们一起生活，给女儿打扫卫生、做饭、洗衣，一丝不苟，无微不至。母亲干完活就看女婿不顺眼，觉得他又懒又笨，对他横挑鼻子竖挑眼，母亲和丈夫"干仗"，晓梦在中间左右为难，而母亲一直哭诉自己受的苦，说晓梦没有良心。

孩子出生后，母亲包揽了照顾外孙的活，并且要求孩子随母姓。丈夫一家当然不干，于是"夺孙大战"上演。晓梦觉得母亲那么老了，为自己付出了一生，应该为母亲而战，两口子的婚姻也可以不要，否则就是不孝顺。后来两家人一场激战，丈夫的手指被咬断，母亲的腰摔伤，晓梦和丈夫离婚。

自从母亲把丈夫这个外人对付过去之后，就是晓梦和父母的朝夕相守。除了孩子和父母，晓梦不再有自己的圈子和朋友。母亲就像一个罩子，严实地把她笼罩了起来。也有人给晓梦介绍对象，但晓梦都不敢见——因为母亲一定会反对的。晓梦想不出会有让母亲满意的人，同时，晓梦也觉得离开了母亲自己确实毫无独立生存的能力，洗衣、做饭、带孩子……她什么都不会。②

---

① [英] 威廉·索默赛特·毛姆：《刀锋》，远方出版社 2005 年版，第 354 页。
② 颜言：《情绪操控者，每个人都可能遭遇的精神陷阱》，《分忧》2018 年第 2 期，第 56—57 页。

晓梦的案例是个很可怜的悲剧。她的母亲作为一个情绪操控者，动不动就用自我牺牲对女儿进行道德绑架，让女儿感觉无以为报，必须要完全听从母亲的安排。在恋人中也会出现类似情况——"我为了你做了这么多，你何以为报"，这种道德绑架让人窒息。

遇到自我牺牲者的对策：如果他愿意付出、牺牲，那么让他为自己的行为负责。不要让他把付出都算在你身上。如果他不愿意做却"勉为其难"地做了，那就要设立好心理界限，直接告诉他："不要这样做，我并不需要！"此时他可能会表现得很受伤，觉得他这么好、这么有爱心，你居然不接受，但是**他必须为自己的"习惯性牺牲"和"习惯性自怜"负责，不要允许他的"受害者心态"持续下去**，让他意识到没有人逼着他付出，不要用习惯性的付出来代替爱。爱情不是交换，不是你做 100% 我就必须回报 100%。恋爱中的付出是心甘情愿的，不是记账式的。

三、推卸责任者

这类人的口头语是："都是你的错！""就算我错了，你也要承担责任。"推卸责任者或者说操控者自己犯错时，反而会指责他人没有及时提醒，同时顺手给对方贴上标签，黑化程度五颗星（★★★★★）。

这类人总是在推卸责任、逃避责任，这样的人很难成长。他们会说，是原生家庭的错，是前男友（前女友）的错，是社会的错……总之不是他们自己的错。他们不爱承担责任，总有各种各样的借口。这类人不懂得如何为自己的行为负责，他们会瞬间把自己的过错转嫁到别人身上，而最有效的目标就是身边人。

"我那天的确说得有点过火，但都是因为你成心气我！"

"我上次搞砸了工作，是因为单位同事嫉妒我的能力，故意陷害我！"

"我私自查看你的信件，完全是因为我的前女友背叛我，我才从此不再相信任何人……"

"我现在压力这么大，你都不知道支持我一下，就知道跟我吵架、挑我的错！你这个人真是太自私了！"

举例来说，原本他忘记了你的生日，当你提醒他时，他却说："你怎么就不能体谅我一下呢？我这么辛辛苦苦地努力工作，还不是为了你？你一天到晚要这要那，一点都不关心我的心情，还好意思埋怨我忘记了你的生日？你真是太自私了！"（"甩锅"贴标签）这一套操作下来，顿时让你有理变没理，你的正常要求变成无理取闹。

每次你指出他做错了什么，他总会想个办法让你为他的行为负责。久而久之，你会习惯他的怨天尤人，习惯性地为他负责和迁就他。跟他在一起，你会觉得筋疲力尽，根本无暇照顾自己的人生和需求。

遇到推卸责任者的对策：**让他为自己的行为负责，不要落入他的陷阱**。如果他不断抱怨自己工作很累，希望你承担他疲累的责任，你可以说："你出去工作不是为了我，是为了你自己，如果咱们不在一起你就不工作了吗？不要什么都说是别人的错。"这样的回应很直接，他可能会恼羞成怒、大发雷霆，但是不要屈服，心理边界一定要树立得清清楚楚。

四、不断贬损者

这类人的口头语是："你怎么长得那么难看啊，谁会喜欢你！""穿衣服没型，走路歪歪扭扭，你真是没救了！"黑化程度四颗星（★★★★）。

这类人习惯性地贬低别人，人们 常用"毒舌""刀子嘴豆腐心"形容他们，他们常常通过伤害别人的自尊来建立自己的优越感。他们

贬低别人的方式有很多种，一种是贬低别人的长处。比如，你长得好看，他就故意说你长得一般，不如某人；如果你饭做得很好吃，他就故意批评你的厨艺不精。还有一种贬低方式是攻击别人的短处。比如，你长得偏胖，他就讽刺你长得像球或者猪一样；如果你在某一件事上没做好，他就骂你蠢，骂你没脑子。此外，他还可能会在公开场合大声地批评和贬低你，伤害你的自尊。这一切都是他有意为之的，**他就是通过这样的做法，来证明自己的价值感，显示你有多么糟糕，让你觉得只有顺服和听从他的号令才能让生活变好。**"这样差劲的你只有听我的、跟着我走，才能找到方向。"举一个案例：

伊文的男朋友刚开始表现得很绅士，似乎对伊文的一切都很认同。在最初的相处过程中，男朋友对伊文关怀备至，同时也不断强调，自己本身就是成功男士，自然能全面了解伊文，而且能给她各种合适的建议。但当两人的关系更进一步之后，伊文却发现男朋友慢慢变了，从前的关爱变成了现在的抨击，他经常说伊文是因为人不够好，所以才会守不住第一段婚姻，如果不是他来"解救"伊文，根本没人愿意接受她。刚开始，伊文还辩解"追我的人也能排成一条龙"，但最后伊文也开始怀疑自己是不是真的不够优秀，所以才有了失败的婚姻，而遇到的现任又是多么可贵。

伊文的心态发生变化后，男朋友就更进一步干涉伊文各方面的生活。他切断了伊文的异性社交，总是说："你真的以为别人是喜欢你才邀请你吗？还不是拉你凑数的。"伊文听了倍受打击，男朋友就趁热打铁要求她不要再参加各种聚会。渐渐的，大家发现伊文不但不与异性社交了，连女性朋友的聚会也很少参加。这也就意味着伊文完全进入了男朋友构建的贬低陷阱。

遇到不断贬损者的对策：时刻警惕被他贬低，有时候对方可能说话不注意，一次两次可以原谅。但是在你跟他提醒过多次，表达过"我不喜欢被贬低，你这样说话很伤人"之后，如果他不但不道歉、不改变说话态度，甚至还怪你反应过度，那就一定要当心了。

五、内疚感制造者

这类人的口头语是："你犯过的错永远无法弥补！""无论你怎么做，你都对不起我……""把我失去的一切还给我，要不然这事没完！"黑化程度五颗星（★★★★★）。

美国心理学家霍金斯提出了一个著名的理论：人类各种不同的意识层次都有其对应的能量指数，人的身体会随着精神状况而有强弱的起伏。他的能量层级理论把"内疚""羞耻"列为最强大的负能量，如表6-1所示。

表6-1 霍金斯能量级表 [①]（节选）

人生观	层 级	对数值	情 绪	生命状态
存 在	开 悟	700—1000	不可言喻	纯粹意识
完 美	宁 静	600	幸 福	启 发
完 整	喜 悦	540	宁 静	理想化
善 良	仁 爱	500	崇 敬	心灵启示
意 义	理 性	400	理 解	抽 象
和 谐	接 纳	350	宽 恕	超然自在
希 望	乐 意	310	乐 观	意 图
敌 对	愤 怒	150	憎 恨	挑 衅
可 怕	恐 惧	100	焦 虑	退 缩
不 幸	忧 伤	75	悔 恨	悲 观
无 望	冷 漠	50	绝 望	放 弃
邪 恶	内 疚	30	责 备	毁 灭
悲 惨	羞 耻	20	耻 辱	消 逝

---

① 参见［美］大卫·R.霍金斯：《意念力》，李楠译，光明日报出版社2014年版，第25—26页。

情绪操控者会利用"失望"让被操控者产生内疚感。当你做了某些令情绪操控者不满意的事，或是没有达到他们的要求时，他们会毫不犹豫地表现出他们有多失望，借此利用被操控者的内疚感达成对自己有利的目的。

情侣交往时都会发生冲突，导致说一些错话或造成错误的结果。比如，两人因为吵架耽误工作或看电影，在诚心道歉弥补之后，两个人都应该放下这个包袱继续前进。但是**内疚感制造者会小心翼翼地记下你做过的所有的错事，不管你是否悔改道歉，在下一次吵架的时候他会统统拿出来作为攻击你的武器**。

思菱恋爱五年，每次跟男朋友吵架都会提到他以前爽约的事情，不管这件事是不是跟吵架的内容有关。其实男朋友已经专门道歉过，而且后来再也没有爽约，但她还是一次又一次要求男朋友向她道歉，说："把我浪费的时间还给我，把我浪费的感情还给我！"男朋友表示自己无能为力，思菱就反复强调男朋友做得不好，一点也不爱她，不断地增加男朋友的内疚感，直到有一次男朋友拿起刀狠狠地戳向了他自己的手指，他大声喊着说："现在可以还给你了吧，我们两清了！"

遇到内疚感制造者的对策：负罪感、内疚感属于非常强烈的情绪体验，我们在觉得亏欠别人时很容易答应对方的无理要求，进而被对方控制，做出自己并不愿意的事情，却还觉得是自己的责任。**面对这种情况要学会说"不"，在对方用你的过错来要挟你的时候，要学会分清哪些是你应该做的，哪些是对方以各种理由强迫你做的**。要离开这种充满内疚的挟制关系，否则你会越陷越深、无法自拔。

六、虐待者

这类人的口头语是："我要摧毁你的身体和意志！""你再这样，

我就要跳楼了！"黑化程度五颗星（★★★★★）。

这类人在亲密关系中有明显的虐待倾向，他会对你提出不合理的要求，如果你不顺从，他就会用身体暴力的方式迫使你屈服。比如，他可能会将你粗暴地推开，猛地摔门，或者用力地扔东西，抓住你的手腕不让你走开，将你逼到角落里动弹不得，等等。这些动作都会让你感到威胁，但因为没有明显的身体伤害，所以很多时候你也不确定这是不是虐待，等你慢慢适应了他对你的这些虐待方式，并感到麻木时，更严重的暴力可能会上演。

这类人还有一种情感控制的方式就是自虐。比如，**他会通过跳楼、撞车、脱衣服、故意生病等方式来惩罚自己，这种方式会让你产生恐惧感和自责。**"我要去跳楼，都是因为被你气的""我去撞车给你看，让你知道我有多爱你，如果我撞到了，那就是你逼我做的""我是用全部生命爱你的，现在我要去跳楼来证明我有多爱你"……久而久之，这样的威胁会让你承受非常大的心理压力甚至屈服，被情感勒索，"爱怎么会是这样，不是你死就是我活！算了，都听你的吧"。或者你奋起反抗让对方的要挟无效。须要注意的是，除了这些直接的情绪操控方式，虐待者还会用一些"冷处理"的方式来实现操控目的，比如长时间沉默不语、不理对方，或者叹气、故意忽视、拖延、哭泣等，直到对方屈服为止。

遇到虐待者的对策：及时叫停，无论是他的虐待还是自虐，都须要立刻叫停。爱情无须以死相逼，真爱不是你死我活。靠不择手段获得的爱情是灰色的，必须让"不健康的爱"在阳光下消毒。真爱是心灵健康者的彼此相遇。

七、完全掌控者（规则制定者）

这类人的口头语是："你爱我，就必须遵守我的规则。""就算你

是孙猴子，也逃不过我的掌心。"如果你的爱人让你必须对他完全透明，一举一动完全在他的掌控之下，完全听他的指挥，只有这样他才会觉得你是真的爱他，那么他就是一个完全掌控者。黑化程度四颗星（★★★★）。

在这样的恋爱关系中，完全掌控者会通过干涉和管理对方日常生活的细节来强化自己的支配地位。比如，他会打着"为你好"的旗号，规定你应该吃什么、几点睡觉、几点起床，甚至对你应该穿什么衣服、看什么剧、与什么样的人交往都有严格的要求，你在无意中多了一个"全天候监控摄像头"。他制定的规则是在传递这样的潜台词："如果你不顺从他，就是不爱他。"为了证明这段爱情，或是为了避免一些不必要的冲突，你只能遵从这些"规则"。时间久了，你会完全把他的意志当成不可违背的"律条"，从而迷失自我。

在接受恋爱辅导的过程中，有同学这样讲述："我们都觉得两人之间已经不只是男女朋友关系了，我们是相互都离不开的亲人。但是我们的矛盾也日益增加，她对我的掌控感越来越强，任何女生和我进行轻微程度的交流都会让她生气。在晚自习上，我会一遍一遍地哄她，她的过激行为导致我也变得有些敏感，开始在意她和别的男生是否有亲密交流。我们成了彼此的监控者，在争吵和不信任中度过了最后一个学期。"

遇到完全掌控者的对策：首先，要学会立界线，学会拒绝，学会说"不"，立场坚定、态度鲜明地表示："有些地方我不能听你的，有些地方你不能对我指指点点。"一旦发现对方越界，坚决不能妥协。其次，要学会自我觉察，当两个人相处感觉不舒服时，就要问问自己，是否被人控制、摆布、威压了，是否在按照别人的要求满足对方的需求，是否习惯性地顺从或者下意识地讨好对方。我们要学会自我成长，人格越独立健全，越不容易被掌控。

第五节

恋爱中不良 PUA 的心理学动力

《钗头凤·世情薄》

[宋] 唐婉

世情薄，人情恶，雨送黄昏花易落。晓风干，泪痕残。欲笺心事，独语斜阑。难，难，难！　人成各，今非昨，病魂尝似秋千索。角声寒，夜阑珊。怕人寻问，咽泪装欢。瞒，瞒，瞒！

——《全宋词》中华书局 1965 年版

　　大家对诗人陆游和唐婉的爱情故事都耳熟能详。唐婉的这首《钗头凤》写出了世情冷暖，她与陆游的爱情被婆婆横加干涉，两人终被拆散，这与被不良 PUA 的状况非常相似，令人扼腕叹息。不良 PUA 其实是生活中很常见的精神陷阱，每个人都可能成为施害者和受害者。我们需要警惕情绪操控的状况，不要沦为受害者，也不要成为施害者。值得注意的是，偶尔有一两种类似的迹象未必就是不良 PUA，不要用我所描述的现象给情侣之间的争吵分歧贴标签。但如果你的恋人长期、多次地展现为上一节我列举的不良 PUA 者，那么你一定要提升心理保护意识，谨慎处理。这个时候，你要审视一下你们之间的关系，然后问自己一个问题：**自从我和他在一起后，我是变得越来越好了，还是变得越来越不自信、越来虚弱了？**

　　我们常说，一段好的关系，会让两个人都舒服，都找到最好的自我。

相反，如果一段关系让你越来越没有自我，你就要警醒了。这时，你不妨问问自己：真的是我不够好，还是我遇见了一个不够好的人？识别出那些有不良PUA特质的人，并远离他们，才是让自己变好的最佳方式。

我对不良PUA背后的心理学动力进行了相应总结：

（一）**高能量场域者控制低能量者。**在恋爱中，能量越低越容易被控制，若有人处在心理低潮期，或者挫败期、自卑期，我建议你先不要急着谈恋爱，否则你容易对对方产生依赖感、被心理控制。李安导演曾说，任何关系里，尊重比爱更重要。爱情里最美的模样是人格平等。

（二）**刻意区分爱情中的高低贵贱。**比如男高女低、女高男低，利用一方对亲密关系的渴望形成不对等权力，继而通过手中强权压制对方，让对方来听从控制，服从命令。

（三）利用人际关系的"交换心理"达到目的。人与人之间往往是投桃报李、互敬互爱的，不良PUA者采取的手段是"**我先为你付出，这样你就会欠我，然后你要还给我**"。爱情在他们手中成为一场交易，"你一旦不还给我，你就是自私的人，就是不会感恩的人，你该为此而愧疚"，他们通过类似的手段达到胁迫的目的。

（四）把人类"习惯推卸责任"的本性发挥得淋漓尽致，不断地"甩锅"推责，让别人承担心理负担，通过"巨婴式"的表达方式逼对方屈从。

（五）利用一些心理效应，比如**留面子效应**[①]、**拆屋效应**[②]。他先

[①] "留面子效应"是指人们拒绝了一个较大的要求后，对较小要求接受的可能性增加的现象。

[②] "拆屋效应"源于鲁迅的一篇文章。鲁迅在《无声的中国》里说："中国人的性情是总喜欢调和，折中的。譬如你说，这屋子太暗，须在这里开一个窗，大家一定不允许的。但如果你主张拆掉屋顶，他们就会来调和，愿意开窗了。"先提出很大的要求来，接着提出较小、较少的要求，在心理学上就被称为"拆屋效应"。

给你下马威，然后当他脸色好一点时，你就会觉得那是恩典了。

还有斯德哥尔摩效应。当人被一个疯狂的杀手绑架，杀手随时要取他的性命，人质就会把生命权渐渐托付给这个凶徒。时间拖久了，每当杀手允许人质吃一口饭、喝一口水，人质都会觉得杀手对他很宽忍和慈悲。对于绑架自己的暴徒，人质的恐惧会转化为对他的感激，甚至变为一种崇拜。**在恋爱中的类似情况是，不良 PUA 者先对你施展威压，然后一点点抽去压力，让你感恩戴德，从而达到控制你的目的。**

（六）利用人本性中对于"**情感依附关系**"的渴望。马克思说："人是一切社会关系的总和。"社会关系是人类生存的基本需要。对于恋爱中害怕失去亲密关系、对情感依附有着强烈需求的人，特别是在原生家庭中缺乏关爱、童年远离父母的人，不良 PUA 者就会利用恋爱中的依恋关系和他们对爱的渴望来控制他们。

面对恋爱中的不良 PUA，大家要学会自我保护，其中有五个关键点：

第一，要学会肯定自我价值。

首先，要相信每个人都有自己的价值，每个人都是独一无二的创造，都值得被爱，都具有独特的价值；其次，要学会发现自己的独特价值，例如，随时记录一天中的开心时刻、高光时刻或者让你感觉有价值感的事件，学会感恩；再次，当觉察到自我评价偏低时要及时调整，例如，多回顾自己已经达成的事情，不必苛求事事完美。须记住只有先肯定自我的价值，才能不活在他人的评价当中，才能真正享受到爱。

第二，要学会划出心理边界。

对待不良 PUA 者最重要的态度就是"不含敌意的坚决"，向对方传递"我有我的立场，我很坚定，我不会顺从你，但我并不会和你作

对"的信息。要和不良 PUA 者做斗争，学会拥有自己的边界，要让对方知道"我是我，你是你"，这是斗争的法宝。要对不良 PUA 者说："这是我的事，那是你的事。"关键不在于事情的大小，而在于态度的坚决，一开始两人可能会不习惯，但是一旦这个心理边界建立好，两个人都会轻松，不会互相背起对方的心灵包袱。

第三，要学会对不良 PUA 者喊"停"，不要配合对方。

停止不良 PUA 游戏的关键在被勒索一方，只有被 PUA 者喊"停"，事情才会改变。**切记你是核心参与者，你的"配合"使对方达到了情感勒索的目的**。要放下对不良 PUA 者的幻想期待。"他这次勒索我，下次应该就不会了，他一直跟我承诺改变，以后应该不会这样做了"，实践证明，这种期待基本不可能实现。一个人只有在体会到痛苦时才会改变，对于不良 PUA 者来说，只有在发现自己控制不了别人时，他的安全感垮塌了，他才会恐慌、才会改变。

第四，学会自我暂停和反思。

这一点和上一点关系密切，**自我暂停是控制感情节奏、避免在情感中迷失自我的一个好方法**。重点在于使自己从当前的关系中跳脱出来，从旁观者的角度反思审视一下关系的进度和状态。例如，给自己一点独处的时光，或者也可以听取身边人的一些意见。

第五，要学会体验真爱。

爱是一种稀缺品，每个人走进亲密关系时都会被浓烈的爱吸引，但是真实的爱一定是自由的、不控制的、舒服的，你可以回忆一下这种真爱的感觉。**如果说当前的恋爱体验感一直很差，你一直处于"不自由、不舒服"的状态中，那就要思考对方爱的动机是什么，或者两个人相爱的方式是不是有问题**。[1]

---

[1] 参见小文：《你的情感被勒索了吗》，《人人健康》2015 年第 2 期，第 80—81 页。

以下是一段关于不良 PUA 的校园讨论 ①：

薄荷奶绿：大家好，有个问题想和大家讨论，在两性关系中，会出现一方因爱而不得，或者为了挽回对方而自残的现象。大家怎么看待这种现象呢？

南沙：我觉得这种行为是非常不可取的，是一种极端的行为，只会让周围人感到很可怕。被这种方式挽留回来的对象，也不是因为原谅或者爱而留下的，可能只是被逼迫，害怕发生更严重的后果。这对于双方关系的缓和并没有益处。

当然，这是一种旁观者的角度，我会对这种人感到恐惧。这种情绪不稳定时连自己都可以随意伤害的人，很难保障他会在情绪不稳定时不对另一方施加暴力行为。

薄荷奶绿：你认为是不是"分手"这件事情才导致了"自残"行为呢？

南沙：首先，我觉得这种行为的实行者本身就情绪不稳定、抗压能力弱。可能分手这个事情刺激到他，使之产生了应激反应，进行自残。我不确定一个抗压能力弱的人，会不会通过自残来平衡痛苦和抑制自己没用的感觉。但是有些自残的人可能并不是想通过这种行为来克制情绪，而是想通过自残来威胁另一方，比如，"你要是和我分手，我就去跳楼"。

Sisyphus 的 Zephyr：我个人认为，自残行为是一个人对恋人的过分占有和控制欲望没有满足而做出的威胁、恐吓、要挟行为，他通过自残来惩罚自己，希望挽回对方。

南沙：所以我觉得自残主要分为两种：一种是带有目的性的表

---

① 其中，奶盐老师为本书作者，其他为学生。

演，为了威胁另一方；一种是藏匿隐蔽的行为，用于自我情绪的克制和缓解。

初初动人："你是不是真的不在意我了？"说这种话的人是这样认为的："如果我伤害自己你会在意的话，就说明你对我还是在意的！"

奶盐老师：这种试验方法很危险，会给恋人造成心理压力，对方会试图摆脱这种责任。对于这种自残行为，要挖掘其深处的心理动力是什么，他为什么会采取这种方式。

初初动人：是的，我以前遇到过一个真实案例，挺恐怖的。当时周围人和他的恋人都怕那个人一不小心就"爆炸"。

奶盐老师：所以，我一直强调要有健全的人格，人格不健全，很难在恋爱中享受快乐。

山竹哥哥：不过，如果被胁迫的一方对此没有回应（施动者没有达到预期目的），那这种自残的行为还会持续下去吗？

奶盐老师：如果被胁迫的一方不予配合，那么这种行为可能就不会延续下去。但是要注意不要过分激发胁迫者的情绪，避免出现悲剧。对于胁迫者来说，要学会为自己的情绪负责！实施情感胁迫的人其实很需要怜悯，这也不能都怪他们，他们出现这种行为往往跟他们的原生家庭有关系。

薄荷奶绿：所以在实践中，面对自残者首先要做到的是倾听和陪伴，等他把这些情绪先释放掉之后，再根据相应的情况去进行分析和辅导，试着帮他摆脱这种状态。

奶盐老师：我想到一个画面。一个男青年，他很恐惧，他说："我要失去她了，我该做点什么？也许我用自残的方式就可以挽回她了，她就不会离开我了。我试试吧，哪怕牺牲我自己。"

温语酿野星：我觉得，因为感情而自残的人，其内心应该是极度自卑且不安的，所以才把身体作为最后的赌注。

南沙：是不是有这种行为的人都对感情非常重视，甚至觉得感情要靠牺牲自己来挽留？或者他们是把另一方作为自己的私有物品，难以接受对方离开？

奶盐老师：为感情牺牲自己是因为边界不清晰，缺乏自我价值感；把对方当作私有物品是因为有疯狂的占有欲，这也跟心理边界有关系。

骑驴子：我觉得，要适当提醒一下这样的人，生活中不只有恋爱，还有父母，还有亲友，不能把别人当成私人物品。

奶盐老师：情感胁迫的方法可能是恋爱中一方的手段，有威压，有自残，有"病娇"，比如先捅自己一刀，然后再对对方施暴。面对自残行为，我们也要有一颗仁爱的心。任何事的发生都不是偶然的，自残需要极大的勇气，若没有深刻的痛苦，人是不会选择伤害自己的，很多自残都是以身体之痛替代心灵之伤。另外，有些恋爱中的自残有可能是被对方不良 PUA 的结果。一些人通过不断制造恋人的自责与愧疚来控制对方，这是非常可怕的不良 PUA 方式。当对方跳进这样的陷阱时，就往往采取自残的方式来"自证清白"。所以我要再次强调：快乐的恋爱应该是人格完善的人的相遇，就算两人恋爱时都不成熟，那也应该是不断的自我成长和彼此洞见。

第六节

恋爱与心理边界

《出塞二首（其一）》

[唐]王昌龄

秦时明月汉时关，万里长征人未还。

但使龙城飞将在，不教胡马度阴山。

——《全唐诗》中华书局 1960 年版

这首边塞诗形象地写出了"边界"的概念。两国之间的边界清晰明了，双方不可越雷池一步。而人的心理同样具有边界，Zerubavel 指出心理边界是"心理围墙"，使得我们能够确立一个心理范围。[①] 当然，这个心理围墙的界限由你自己设定，你可以选择敞开门让外人自由行走于围墙内外；也可以选择让任何人都无法进入围墙之内，你安然自处与世隔绝，在围墙内享受自己的生活。以《西游记》的故事类比，心理边界就像孙悟空给唐僧画的圈，在这个圈内我完全说了算，妖怪根本进不来。如果有妖怪试图进来，这个圈就会把它弹开，这就是边界的保护作用。或者说，边界就像是我们房屋的篱笆，它区隔出我们与左邻右舍的地界，谨守这些边界是实现睦邻友好的前提，如果你的篱笆越界了，就是侵占了他人的领地，就会发生冲突。

生活中我们经常会遇到边界问题。例如，一家有两个孩子，大女

---

① 周菲、白晓君：《国外心理边界理论研究述评》，《郑州大学学报（哲学社会科学版》，2009 年第 2 期，第 12—15 页。

儿的物权观念比较淡薄，因为她第一个出生，家里的东西从她出生开始就都归她所有，所以她不须要为家里的各样物品树立边界，不用考虑玩具是谁的、房间是谁的、水杯是谁的、爸爸妈妈是谁的。她可以直接认为这些都属于自己："你们的都是我的，我的也都是你们的。"

但是小女儿出生之后情况就发生了变化，很多东西就产生了归属问题。小女儿逐渐长大，会在物权界限（物品归属）上进行很清楚地划分，她会对姐姐说："这是我的房间。""这是我的洋娃娃。""你如果要进我的房间，就必须经过我的同意。"或者说："你进我的房间要满足我设立的条件，不能光着脚，不能在我的房间吃东西，要碰我的洋娃娃必须经过我的同意。"而此时姐姐就会"受伤"，因为她认为这些原本根本不需要区分。妹妹在物权上有明确的边界意识，这就是基本的边界概念的一种。**人有了边界概念之后，会更容易学会拒绝，会更勇于追求属于自己的东西。**

再举一例，姐妹在外面的草地上玩漂亮的石子，吸引了其他小朋友来观看，其中有一个小朋友问："你们的石子是在哪里找到的?"这时候姐姐和妹妹就有两种回答，妹妹说："我为什么要告诉你?"姐姐说："这个是在旁边的水沟里找到的。"这两种回答没有对错之分，但如果从心理边界的角度来分析，可以发现妹妹的心理边界更为清晰，你问我问题，我有回答与否的自由，我可以回答你，也可以拒绝告诉你；姐姐直接告诉了对方答案，选择了接受对方的提问，如果对方继续说："你带我去看看啊。"那姐姐就有可能进一步满足对方的要求，也就是说，这样的边界有可能更容易被侵入。

每一个人都有两种生存空间。一种是**物理空间**，一种是**心理空间**。除了相对有形的物理空间，我们每个人还有一个看不见摸不着的心理空间，这个心理空间被一道无形的心理边界环绕着。有的人边界意识很强，他人稍一靠近就会招致攻击或者警示，"你不能再进来了，

这是我的心理领地"；有的人边界意识很淡，对别人的靠近无所谓，或者别人已经越界自己还不知道，比如被无端指责、承担不属于自己的责任、不能拒绝别人等，或者他们本来就喜欢让人靠近从而建立关系，跟别人的边界混为一体，这与其幼年的成长环境、原生家庭状况、自我意识、自尊水平相关。①

人际距离用远近界定，心理边界用是否清晰描述。自我的存在就意味着心理边界的存在。著名的心理学家阿德勒认为，要想解决人际关系中的烦恼，就要去区分什么是"我"的课题，什么是别人的课题，要拥有"被讨厌的勇气"。也就是说，要搞清楚什么是你该做的，什么是我该做的。某位脱口秀达人曾经说过一句话："我看到很多人说不喜欢我，所以借此机会我想对那些不喜欢我的人说一句，我也不喜欢你。"这是很清晰的边界，你们可以选择喜不喜欢我，那是你们的自由，你们不喜欢我不会让我受伤，我喜欢我自己，我也可以不喜欢你们。

心理边界的建立从幼年开始。一个孩子的成长过程就是逐渐跟父母建立生理和心理边界的过程。那些所谓"不听话"的儿童其实正在建立恰当的心理边界。一般来说，孩子会采用三样工具——确认所有权、拒绝和生气来表达自己的需求，一旦遭到打压和拒绝，孩子就容易失去边界。

第一种是**确认所有权**。孩子会一直说"这个是我的，那个是我的"，这是因为孩子出生时没有自我意识，和世界浑然一体。儿童在成长过程中不断自我建构，最初，儿童通过占有自我的东西来区分自己和他人，当儿童占有了自己的东西，当某个东西完全属于他时，儿童能够感觉到"我"的存在，这也是"儿童的自我"诞生的标志。这

---

① 周菲、白晓君：《国外心理边界理论研究述评》，《郑州大学学报（哲学社会科学版）》2009 年第 2 期，第 12—15 页。

一点跟动物的宣示主权有点相似，小狗撒尿、公鸡打鸣都是宣示主权的行为。

后面两种工具就是**拒绝和生气**。拒绝，简化而言就是说"不"的能力。小朋友进入第一个叛逆期，就会跟父母说"不"。家长要他们吃青菜，他们摇头说"不"；让他们停止玩玩具上床睡觉，他们也会大声地说"不"。而且孩子会对很多事情生气。比如，孩子组装乐高玩具总是失败，气得满头大汗，把玩具摔得到处都是——这些都是自我意识树立的阶段标志，也是儿童心理边界建立的过程。心理边界建立得清晰，孩子会更加独立，更有自己的想法，更容易保护自己，不容易受到别人的影响和干预。但是**如果父母不让孩子说"不"，不允许孩子发脾气，那么孩子长大后就会表现出压抑性特质，不敢表达自己的想法，自我价值塑造易失败，甚至失去自我意识，任由他人干扰摆布，其生活容易陷入混乱**，在恋爱中非常容易受到对方的控制和影响。

在成年之后，一个人的心理边界的情况一般有三种：**边界正常、边界不清（边界吞噬）、边界僵硬**。

边界正常。自我边界感建构得比较好的人，既可以保证自己的个性，有自己的立场，不会随波逐流，可以对不舒服的感觉说"不"，可以跟人友好相处，也可以与他人保持适当的距离，尊重自己与他人。中国的传统家庭中比较缺乏边界感，很多父母觉得孩子是自己的私人财产，很多人没有对自我的觉察，在侵犯他人边界的同时，自己的边界也随时被他人侵犯。

边界不清（边界吞噬）。成年以后缺乏边界感的人，常常把自己的事托付给他人，邀请他人跨入自己的界限，也常常把自己的意愿强加于人，强行跨入他人的界限。在夫妻、子女、同事关系中，"你中有我，我中有你"的情况一般较多，总是有一方强行侵入另一方的边界，企图主宰或扰乱对方的心理，而另一方的自主性就慢慢地减弱，被动

地接受了这种入侵。在亲密关系中，双方需要健康良好的心理边界。

"既然都是一家人了，你的就是我的，我的就是你的。""你爱我，我不说你就应该懂我呀！""我让你这样，都是为了你好，为什么你总是不听我的话呢？""你是我的女儿，我就可以了解你的一切。"这些表述的背后都是心理边界不清的问题。

边界僵硬。边界僵硬就是与他人及群体的边界过于清楚，仿佛一堵墙。边界僵硬的人过于固执，听不进他人的意见，不肯与人交流接触，总是担心受伤或者把握不好分寸，拒绝一切人情世故，甚至轻视情感，过于理性。[①] 他们谁的也不听，谁的也不管，跟谁都不来往。

---

① 曾奇峰：《如何软化僵硬的自我边界？》，《健康之家》2016 年第 7 期，第 88 页。

第七节

为恋爱立界线——过犹不及

《江陵愁望寄子安》

[唐] 鱼玄机

枫叶千枝复万枝，江桥掩映暮帆迟。

忆君心似西江水，日夜东流无歇时。

——《全唐诗》中华书局 1960 年版

热恋中的男女恨不得时时处处都在一起，正如诗中所说"日夜东流无歇时"。恋爱中的朋友请思考如下问题：

（一）你跟恋人无时无刻不在一起，分享一切东西，彼此之间毫无距离吗？

（二）你可以拒绝恋人的要求吗，还是必须完全满足对方的要求？

（三）你会为恋人的情绪负责吗，比如他的低落情绪？

（四）你的父母是否事无巨细都替你包办，让你在生活学习中没有任何阻碍？

（五）父母是否曾经帮你主宰了一切？

如果在这五个问题的答案中，出现"你跟恋人毫无距离，你完全满足恋人的要求""恋人不高兴要你来负责""父母主宰了你的大部分决定"等时，你就要当心了，因为你的心理边界有可能很不清晰，接下来的恋爱过程会很辛苦。

美国婚姻专家亨利·克劳德和约翰·汤森德博士在《为婚姻立界线》

一书中写道，在婚姻关系中，配偶中的任何一方都必须为以下元素负起责任：感觉、态度、行为、选择、限度、欲求、恩怨、价值、才能、爱。[1] 在恋爱关系中也应如此，界线让我们了解双方责任归属所在，只要能够发现责任归属于谁，就有机会改变。

恋爱中的界线具体有哪些方面呢？

第一，**身体**。身体是一个人最基本的边界，也是和他人区分的首要标志。幼年遭受过暴力或者性侵犯的人，长大后往往难以识别和建立身体边界。心理学家毕淑敏有一本小说叫作《女心理师》（曾改编为电视剧），女主人公贺顿小时候遭到了继父的性侵，长大后下半身长期冰凉。被性侵以后，贺顿就认为自己是肮脏的女人，甚至对性的态度变得散漫、无所谓，她的身体边界已经模糊。这里我要提醒大家，在恋爱当中，对于自己的身体要有一个边界，特别是女生，过早地释放自己身体的全部边界或者没有设立任何的身体边界都是不理智的。[2]

第二，**话语**。言为心声，你讲出来的话体现的是你内心的状况。比如，你可以说"不"来表达拒绝。对于别人强行指派给你的工作任务，你有表达不想接受的权利，如果是不得不接受的工作任务，你也有权利表达不满意的态度。就像交通警察一样，当他做出左手斜向上伸直、掌心向外的手势，驾驶员就知道是"停止"的意思。用话语表述拒绝可以有效限制别人伤害你、虐待你，同时你可以**表达出自己的真实想法，让别人知道对于你来说哪些不能做、哪些可以做，否则你的边界就容易被入侵**。

---

① 参见［美］亨利·克劳德、约翰·汤森德：《为婚姻立界线》，董文芳译，海天出版社 2010 年版，第 58—62 页。
② 参见苏自己：《爱自己，从尊重自己的身体界线开始》，《人人健康》2021 年第 7 期，第 58—59 页。

　　《为婚姻立界线》一书提道：我们在能够全心顺应对方需求之前，必须先能够自由地说"不"。一个人如果觉得自己在恋爱中根本没有选择的余地，就很难真心地去爱对方。**当做的选择是出于自愿而非恐惧时，你才能自由地将你的爱与时间献给对方；当你觉得自己在恋爱中"不得不"去做某些事情的时候，这是恐惧的征兆**，这样就无法在恋爱当中很好地树立界线。

　　无法说"不"的心理动力一般如下：害怕失去爱，害怕恋人生气，害怕孤独，害怕内疚感，害怕无法回报恋人的爱或伤害恋人的感情，害怕失去他人的认可。举例来说，男生喜欢看球赛，女生却不喜欢，男生特别想要和女生一起去看球赛，就说："一起去看吧，难道你不喜欢跟我在一起吗？"女生很不情愿地去了，结果两个人看得索然无趣。长此以往，女生会觉得被勉强，会觉得男生夺去了她的自由，从而产生愤怒感。同样，如果女生长期"逼迫"男生陪她逛街、购物，男生因为怕女生生气，或者被指责没耐心，也只好同意，长此以往也会形成不舒服的扭结，两人容易在不经意间爆发矛盾。

　　在真正的爱中没有惧怕，"恐惧"与"爱"背道而驰。"不得不去做"是被剥夺了选择的权利。当你对爱人说"不"的时候看看他们的反应，彼此的坦诚可能会让关系更进一步。

　　第三，**情绪。在恋爱中，大家要学会为自己的情绪负责，同时也要学会不为恋人的情绪负责**。前文讲到的负面场域制造者，他们会把导致负面情绪的责任推给身边的人。比如，他们挨了老板的批评，回到家就要让全家人都不敢高兴；自己比赛失利，却对自己的家人横挑鼻子竖挑眼……他们不愿意自己承担失败，而要拉着身边的人一同进入负面情绪的包围圈。如果遇到这种人，建议用如下的话语回应他："请你想一想你失败的真实原因，不要把你的痛苦转嫁到我的身上。""你自己的问题，却想让我来背负，这不公平。"

第四，**行为**。在恋爱中，大家要为自己的行为负责。举例来说，有一个有钱的男人，总是说自己赚钱很累。他的好朋友就劝他："钱也挣得够多的了，何必那么辛苦呢！"男人说："不挣钱不行啊！钱老是不够花，我老婆特爱花钱，买名包、买名表！"朋友提醒他："哥们儿，这恐怕不是你挣钱太少，而是你老婆花钱太多！你从来没有劝过你老婆少花钱吗？"又过了一段时间，大家发现这位老兄光彩了很多。他说："我对老婆说：'你能不能少花点！'出乎我的意料，我老婆很平静地说：'可以啊！'"

当对恋人的行为不满时，最好直接告诉对方，不要一边自怜，一边在心里埋怨"你爱我就不该迟到啊""你既然爱我就要理解我啊"，对方可能压根不知道你的想法。**尊重对方的边界，就是尊重对方行为选择的自由，不要求对方跟你有同样的想法，不去控制对方，不去讨好对方，不去窥探对方的隐私，并欣赏对方的价值、感觉与心智。**

当恋爱出现问题，须要承担责任时，有的人会出现两个误区：一是完全忽略责任，不愿意承担；二是怀着拯救者情结代替对方承担责任。

在恋爱当中，有的人很有可能把对方的事完全当成自己的事，过分热心、过分卷入、过度干涉、过度保护。很多恋爱中的女生会埋怨男朋友像自己的儿子，都是自己在照顾他，帮他改论文、帮他准备比赛……而男生在这样细致的照顾下，非但不感恩，而且还习以为常，天天打游戏，毫无上进心，完全不愿意承担恋爱中的任何责任。这样的情侣，双方的边界模糊不清，女生为男生承担了过多的责任，以至于让男生不用思考、不用承担。而男生因为做了也不如女朋友做得好，做了也没有成就感，干脆"摆烂"。所以恋爱中的责任边界一定要清晰，各自承担的义务要划分清楚，否则很容易导致相互的不满和冲突。

　　曾有女生向我诉说："我跟我的男朋友立下界线，我对他说'以后你不许再用这种口气跟我说话了'，但他根本不听我的，怎么办?"其实女生的话并不是在立界线，而是在控制，其潜台词是"你必须得听我的"。**界线不是立在别人身上，而是立在自己身上。**女生可以这样说："如果你再用这种口气跟我说话，我会很不舒服，我会走开。"这是表明自己的界线在哪里。还有很多人从谈恋爱之初就试图改变对方，想让对方变得爱干净、爱做家务、学会理财等，这种改变对方的想法其实也是越界的。现实证明，江山易改、本性难移。人改变的动力机制一般有两种：一种是得到奖赏，一种是遇到痛苦。但就算奖赏和痛苦都出现，也未必能成功改变一个人。人的改变需要漫长的过程。所以，聪明的恋人通常选择的是：**既然无法改变对方，就改变自己，让自己成长、更新，自己的蜕变有可能直接带动恋人的转变。**

　　就恋爱中的界线来说，我们要看到：自己的事只能自己做，不要依附他人；别人的事，只可以尊重和接受，不要强加干涉。保持好清晰的边界，谈恋爱才能快乐。

推荐阅读

1. [美]亨利·克劳德、约翰·汤森德：《过犹不及》，蔡岱安译，海天出版社 2021 年版。

推荐理由：这本书论述的核心就是心理边界问题。面对他人的要求或请求，什么时候该同意，什么时候该说"不"？情侣之间需要界线，日常的人际交往同样需要界线。心理边界清晰的人可以过得轻松自在、自由坦荡，能够独立思考，拥有心灵自由，不会被人操纵。

2. [美]罗宾·斯特恩：《煤气灯效应：如何认清并摆脱别人对你生活的隐性控制》，刘彦译，中信出版社 2020 年版。

推荐理由：你努力想改变自己，希望自己成为一个好恋人、好伙伴、好员工、好孩子，但却始终不被人真正地肯定和真实地看见。也许这不是因为你做得不够好，而是你被操控了。"煤气灯操纵"是一种阴险的情感虐待和操控方式，很难识别也很难摆脱。这本书将教你认清并摆脱别人对你生活的隐性控制。

3. [美]米基·法恩：《讨好型人格》，李楠译，中国友谊出版公司 2021 年版。

推荐理由：拒绝别人的请求时，你是否有罪恶感？让别人失望时，你会不会浑身不自在？处于别人的期待中时，你会不会感到很焦虑？面对冲突时，你是否会刻意躲避？这一切可能都是讨好型人格在作怪。这本小书通过具体的案例和实操说明，让你认识自己，疼爱自己，重新定义自己！

Chapter Seven

第七章

恋爱问题解决手册

第一节

恋爱三重奏之贪、嗔、痴

《寄李生》（节选）

[宋] 梁意娘

入我相思门，知我相思苦。

长相思兮长相忆，短相思兮无尽极。

早知如此挂人心，悔不当初莫相识。

——《唐代湘人诗文集》岳麓书社 2013 年版

　　爱得太深容易留下伤痕，正如诗中所说"入我相思门，知我相思苦"，还不如当初莫相识。《红楼梦》写道："叹人间，美中不足今方信，纵使举案齐眉，到底意难平。"这一节，我们聊聊恋爱中的三种心态：贪、嗔、痴。

　　第一种心态是"**贪**"。爱情是最深刻的人际关系，可以穿越肉体直达心灵。大家想过"爱与拥有"是什么样的关系吗？你想对某人好，或为某人做一些事，你就能拥有那个人吗？当沉溺于爱中，你就会试图贪婪地抓住这段关系，以至于想完全占有另一个人的时间甚至是心灵空间。

　　不要把恋人当成牵线木偶，人永远不能控制另一个独立的个体。在恋爱中，不是我为你做什么，你就要回报什么，或者我为你做了这么多，你就要回报给我确定的额度，这样的做法只会让双方都受到伤害。**有条件和限制的爱，只不过是想控制一个人，用一个"爱"的箱**

219

子把对方装起来而已。

有这样一则新闻：某青年与女朋友分手之后，不愿意接受这样的情况，于是跳珠江殉情。自杀前，他写下十八篇日记，记录了分手前后约二十天内的心情和状态。他在最后一篇日记中这样写道："在我生命的最后，我恨你！我那么努力地去实现我们的未来，去实现对你的承诺，你竟然可以这样说不爱就不爱了。你说人生就是这样失去和接受的过程，我只想说凭啥一定要失去？为什么不能坚持？就这样吧，我对人生失去了期待，没有力气了，不想努力了……我的心跳再也不随你而动了，因为它根本就不会再跳动了。"[①]从这篇日记中可以看出，这个男生非常爱他的女朋友，但是他的爱情观出现了问题。我们不能把全部生命价值建立在另一个人身上，不能用爱来捆绑人、束缚人，这样会把爱变成等价交换。爱一个人并不能给你这样的权利：要求对方也爱你；控制对方的思想行为；要求对方满足你的人生快乐。

就算你为一个人做了很多事情，也不代表对方就一定要接受你的付出。以为爱一个人就能拥有这些权利的人，便会产生将对方"据为己有"的心态，这就是贪婪、占有心。

第二种心态是"嗔"。《葬花吟》写道："花谢花飞花满天，红消香断有谁怜？"爱情中，有些人会自怨自艾、满腔怨恨，甚至与原本的爱人反目成仇。

恋爱中的嗔怒从何而来？为何爱到尽头会引发"大战"？为何爱情狗血剧一再重演？相爱容易相处难。从心理学的角度来看，每个人都有各自隐藏在内心深处的创伤，都不能说是心灵完全健康的人，**每个人的内心都有一部分阴影**。两个人相爱之后，暂时的激情和快乐掩

---

① 谭里和、雷昊、李曼倩：《刚被资助上完学，湖大硕士毕业生留 18 篇日记后珠江殉情》，2020 年 8 月 25 日，https://mp.weixin.qq.com/s/ezreRDM16V5jwclgUFkaCw，2024 年 5 月 30 日。

盖住了内心的创伤，此时，情侣二人看到的对方似乎是完美的，但那或许是戴着面具的假象。所谓"情人眼里出西施"，恋爱之初，两人也许会忽视对方的缺点和问题，然而时间久了之后，两个人就从"假性关系"进入真实的关系，两个人再也不用掩饰、不用伪装，这时，各自的问题就会显现出来。

恋爱中，当两个人卸掉一切伪装，问题也许就会接踵而至。比如，女生在原生家庭中缺少父爱，就会希望男朋友来补充这部分关爱，索取不到就会对男朋友挑剔指责；一个人心理自卑，就会一直拼命讨好恋人，一旦被恋人忽视，就会怒火中烧；从小就与父母分离的人，内心极度渴望亲密关系，恋爱后就会特别黏人，缺少安全感；从小父母离婚的人，可能会对婚姻不信任，不相信爱的稳定性，恋爱中一旦发现些许分手的苗头，就会感慨恋爱与婚姻是靠不住的。**创伤、内在誓言、情结、期待、差异、价值观的扭曲等都会造成恋爱关系的巨大裂痕。**

恋爱受原生家庭的影响特别明显，所以有人说"恋爱是童年关系的一次轮回"。**积极健康的恋爱可以引导双方重温童年的美好，修正童年的错误，补充童年的需要**，但不健康的亲密关系会放大过往的错误和痛苦，两个人就会在不断的接触中日久生恨、日久生怨，直到爱越来越少，伤痛越来越多，让两个人彼此分离。此情可待成追忆，只是当时已惘然。所以，"只有心灵健全的人才可以成为健全的伴侣，又使配偶成为心灵健全者"。

恋爱中的第三种心态是"**痴**"。假作真时真亦假，无为有处有还无。心理学家黄维仁博士区分过真爱与迷恋的差别，他指出两者其中一个差别在于：迷恋通常是基于一种投射，而真爱是基于对对方长期、

全面的了解。[①] 正如歌曲《你爱我像谁》中唱的："其实你爱我像谁 /扮演什么角色我都会 / 快不快乐我无所谓 / 为了你开心我忘记了累不累/ 其实你爱我像谁 / 任何的表情我都能给。"这样的痴恋不会给爱情带来美满的结果。所以，你要问问自己，**你爱的是自己投射出来的感觉吗？** 这种带着假象的痴恋意味着，你一旦爱上一个人，他就变成了假人，你也失去了判断能力。其实恋爱就如下棋，棋逢对手才能长久。你一步一步地主动付出，失去自我，以为这样会赢来最终的胜利，结果对手却弃子而逃，不愿在你身上花费更多的时间和精力了。

归根结底，爱情是两个人的事，只有双方都学会如何相爱，拥有健康的自我，然后健康地相遇，那么这段感情才能长久健康。

---

① [美] 黄维仁：《活在爱中的秘诀：亲密关系三堂课》，中国轻工业出版社 2010 年版，第 10 页。

第二节

恋爱成功学——如何修复关系案例

《西江月·宝髻松松挽就》

[宋] 司马光

宝髻松松挽就，铅华淡淡妆成。青烟翠雾罩轻盈，飞絮游丝无定。　相见争如不见，有情何似无情。笙歌散后酒初醒，深院月斜人静。

——《全宋词》中华书局 1965 年版

"相见争如不见，有情何似无情"，看来词人深谙爱恋的滋味。在恋爱中难免出现分歧，我在辅导中经常要帮情侣处理矛盾、疏导情绪、解决问题。这里，我归纳总结了解决恋爱问题的一些通用方法，以飨读者。

（一）客观冷静看待问题，学会换位思考，追求双赢。

志明和芸蔓从大二开始恋爱，他们一起度过了两年美好的恋爱时光，两个人相处很和谐，只是芸蔓感觉志明有点大男子主义，很多事情都要由他说了算。后来，芸蔓还把志明带回老家见父母，芸蔓的父母也挺满意志明。临近考研，两个人有了不同的选择，志明在学校时一直在创业，想本科一毕业就工作，不想考研，而芸蔓觉得自己的专业适合继续深造，想考一个远方学校的研究生，但志明一直不同意，也不支持芸蔓复习考研，因为一旦芸蔓考上研究生，两个人就变成了

"异地恋"。因为考研的事情，两个人不止一次吵架，也第一次讲出要分手的话。芸蔓很苦恼，她既想考研，也不想失去这个男朋友，该怎么办？

在这个案例中，我很难直接给芸蔓答案，因为这关乎两个人未来的发展和职业规划。首先，我谈谈对于异地恋的看法。在疫情当中，我接触了很多异地恋案例，很多情侣在疫情中遇到了沟通问题：一般来说，文字聊天的沟通效果最差，不能反映当下情况，也容易造成误解；在微信上的语音留言沟通效果稍好，但也容易词不达意；比较好的是电话沟通，但是因为无法看到对方的表情和仪态，沟通效果也会不尽如人意。效果最好的沟通是见面交流。沟通是情侣维系感情的基本方法，在恋爱中经常当面沟通都会出现问题，何况是异地沟通呢！另外，恋爱本身就是一种亲密关系，若没有了亲密，何谈关系呢？异地恋充满变数和不确定性，我个人不看好异地恋。当然，现实中也有许多异地恋开花结果，我也为这种恋爱关系中两人的执着点赞。

情侣在处理两人之间重大的抉择问题时不要"恋爱脑"，不要因为一时冲动而做决定。不要只相信海誓山盟，要有理性分析，要学会换位思考，要有长远的规划，追求双赢。**爱情不只是眼前的卿卿我我，两个人都发展、都进步才能创造更好的关系和幸福的未来，不要只从一个人的想法出发，也不要只是一个人无条件地妥协，要同时考虑两个人的诉求。**同时要认识到，就算两个人一起规划未来，也不一定能百分百地保证未来的恋爱一定会顺利，因为未来的发展有很多变数。从我辅导的案例看：情侣一方深造之后有了很好的发展前景，而两个人的关系维持得很好，最后走进婚姻殿堂的有之；一方赴异地深造，最后导致分手也有之。恋爱中，不要觉得一个承诺就能够解决所有问题，要有更长远的视角和计划，也要有充分、成熟的心理准备。

（二）深度沟通，标明情绪，表达彼此内心的真实需求。

志飞和若雨通过参加社团彼此相熟，两个人在社团中有一些共同的朋友。在一次聚餐当中，社团的七八个同学一起吃饭、聊天、打扑克，非常开心。在聊天中，若雨和另外一个同学心仪产生了分歧：若雨认为，在海里露天裸泳有伤风化；心仪则认为露天裸泳是回归自然的行为，无关风化，也没什么大不了的。这就引发了大家的讨论，志飞也加入了讨论行列。结果若雨和心仪从一开始的观点分歧变成了互相的人身攻击。而志飞觉得这就是同学间的观点分歧而已，就没有站在自己女朋友这一边，而是认为心仪的观点是对的，支持了心仪。这让若雨感觉很没面子，她拂袖而去。志飞也觉得在众人面前让若雨负气而走，自己有些丢人。两个人陷入了关系僵局。

在这个案例中，主动解决问题比被动等待更好，要想打破僵局，必须有一方愿意放下自己的"脸面"。在恋爱矛盾当中，双方通常都会有自己的委屈之处。志飞觉得若雨在众人面前拂袖而去，让自己颜面扫地；若雨觉得男朋友没有为自己撑腰，没有跟自己统一战线、步调一致，显然是不够爱自己。两个人都有各自的诉求，以至于双方都不想先打破僵局。大家切记：**在恋爱中，解决问题比不解决好，交流比争吵好，争吵比冷战好**。这个案例的关键问题在于如何正确沟通。

沟通的核心问题在于了解对方内心真正的需求，然后帮助对方表达出心理需求，或满足对方的心理需求。志飞觉得若雨在很多熟人面前直接拂袖而去，让他脸上无光，失去了男朋友的尊严。而若雨觉得志飞在很多熟人面前没有支持自己，觉得没有被爱。双方可以通过真诚的交流，把彼此真实的想法和需求在安全的环境中释放出来，并帮助对方标明情绪和需求。比如，志飞可以这样讲："对不起，我让你在

众人面前感到了失望，感觉我们不是一体，我没有注重我们的关系，真是很抱歉。"此时若雨的怒气也许就会消掉一半。当然有人会说："凭啥我先道歉？"那么我要问你："你想不想解决问题？"我始终强调，恋爱中先道歉的一方的内心具有柔和而又坚毅的力量，这是一种能力。当然，如果需要深度道歉，且这样的道歉不止一次，又或者两人的沟通造成了彼此深度的心理创伤，就最好寻求外力支持和心理辅导。

（三）爱情必将经历风雨，爱情也须要经历风雨，婚前"选择比激情重要"，婚后"宽恕比选择重要"。

大一时，志勇和碧萱在学校辩论比赛活动中相识，两个人算是一见倾心。志勇欣赏碧萱的温柔体贴、安静柔和与敏锐的分析能力；碧萱欣赏志勇的博览群书、知识渊博和浓厚的家庭意识，以及他给人的一种深深的安全感。两个人的恋爱从大学阶段持续到了读研时期，两人在同一座城市完成了多年的恋爱长跑。可是当研究生毕业要谈婚论嫁时，两个人心中都有一种困惑："我们真能进入婚姻吗？结婚还有意义吗？"

从前，志勇觉得碧萱很温柔，就像温顺的小绵羊，自己提出一个观点，碧萱就会很欣赏、很认同，但是现在几年过去了，碧萱好像也不怎么温柔了，她的很多观点都跟自己的不太一致，还会经常反驳自己。碧萱也觉得志勇的优点似乎没有以前那么多了，她发现志勇有时候会过分听从父母的安排，不大容易自己做判断，而且志勇太容易被外人的观点影响，有时候会人云亦云，谁的话都信，却偏偏不相信自己对他讲的真话。所以，有时候看到志勇明明失败了、吃亏了，却还不听自己的意见，碧萱就会伤心难过，就想跟他争吵。

在这段恋爱关系中，两个人都拿掉了恋爱初始时所戴的面具。刚开始的那些美好印象其实并没有错，只不过是人的某些侧面而已。当恋爱中的彼此看到对方更完全的情形，此时更需要的是爱的升华和包容。不经历风雨的爱情不会结出甘甜的果实，也不要指望爱情可以一帆风顺，激情到底。

爱情往往要经历"沉舟侧畔千帆过，病树前头万木春"的过程。当你真正地了解一个人的大部分状况后，对方一定是优点与缺点并存：也许对方虽然热爱家庭但同时不擅交际；虽勇敢但又莽撞；虽博学，但是又经常意气用事……所以，恋爱中的人要问自己：**"你到底要什么？他身上的优点能不能弥补缺点？你可否接纳一个人的本相？"**当恋爱中美好的泡泡都被戳破时，爱是会沦为虚无还是可以历久弥坚？这也是爱情本身的魅力所在。

第三节

恋爱与性心理

《丑奴儿》

[宋]李清照

晚来一阵风兼雨，洗尽炎光。理罢笙簧，却对菱花淡淡妆。　　绛绡缕薄冰肌莹，雪腻酥香。笑语檀郎，今夜纱厨枕簟凉。

——《李清照集校注》中华书局 2020 年版

这首词描写了李清照与赵明诚极具情趣的日常夫妻生活，词中颇有调笑意味。本节的主题是大家既想回避又想谈论的话题——恋爱与性心理。

大家请先思考如下问题：

（一）当看到或听到"性"这个字的时候，你会联想到哪些词语？有这些词语可供选择：快乐、好玩、污秽、生育、恐惧、亲密、美妙、信任、羞耻、融洽、委身、忠贞、尴尬、表现、释放、和谐、舒服、沟通、无奈、厌恶、内疚、无助、压抑、乏味、满足、美丽、征服、禁忌、自卑、自信、不满足、爱、难为情、罪恶、例行公事等。

（二）想一想，你为什么会选择这些词语呢？

（三）在你挑选出的词语中，是积极的多一些，还是消极的多一些？为什么？

你选择的这些词语可以大致体现出你对于性爱的了解程度和关注程度。2019 年 11 月至 2020 年 2 月，中国计划生育协会、中国青年网络、清华大学公共健康研究中心共同发起并实施了"全国大学生性与生殖健康调查",其中有效参与人数为 54580 人。从调查报告来看,大学生获取性知识的渠道主要还是网络,在网上看过"小黄片"的同学最多,"小黄图"次之,"小黄文"最少。超过一半的同学近几年在网上看过"小黄片",约 40% 的同学看过"小黄图",超过 1/3 的同学看过"小黄文"。如表 7–1 所示,绝大部分的父母不能给孩子解答有关"性"的问题,能圆满解答的父母微乎其微。

表 7-1 父母解答有关"性"的问题情况调查表

选 项	父 亲	母 亲
圆满解答	2.52%	6.07%
有时做一些回答	7.65%	13.97%
避而不答 / 无能力回答	4.22%	4.83%
不但不答,还要训斥	1.65%	1.33%
没有问过 / 没有需要问	83.96%	73.80%

调查报告还显示,仅约 1/3 的大学生对学校的性教育非常满意或比较满意。[①] 在《2019—2020 全国大学生性与生殖健康调查问卷》中,有 9 道性知识题,答对 6 题及以上(视作及格)的大学生只有 31.84%,还不到 1/3;5 万多名大学生的平均得分只有 4.16 分(满分 9 分),低于及格线。这 9 道性知识题(判断题)如下:

1. 月经前 14 天左右发生性行为最容易怀孕。
2. 通常精子在女性体内可以存活 7 天左右。
3. 只要时机准确,体外射精可以有效地避免怀孕。

---

① 《庆"性"有你 | 2019—2020 年全国大学生性与生殖健康调查报告(上)》,2020 年 5 月 3 日,https://mp.weixin.qq.com/s/79a9E6q2o9BamqldJy_-XQ,2024 年 5 月 30 日。

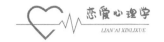

4. 安全期同房可以有效地避免怀孕。

5. 在发生性行为时，安全套是唯一一种既能预防怀孕，又能预防性病、艾滋病的方式。

6. 蚊虫叮咬能够传播艾滋病病毒。

7. 生殖器疱疹是一种性传播疾病。

8. 女性怀孕以后，月经还会继续来两三个月。

9. 相比普通人流，无痛人流更加安全。①

大学生对性的好奇普遍存在，但如果获取性知识的渠道出了问题，就会对生理健康造成很大的负面影响。有相关调研结果显示，在高校集中的大学城附近的医院，来堕胎的人尤其多。由于不懂健康的性知识，有些学生受到的身体伤害比较大，甚至染上性病、艾滋病，出现宫外孕等危险情况。当面对有关性的问题时，恋爱中的男生、女生往往表现得慌张无措，不知道该怎么处理，也不知道怎样保护好彼此，所以特别需要正规渠道的相关学习来进行自我提升。

"爱"与"性"到底是怎样的关系？有一位大二的女生最近谈恋爱，她与男朋友在一起非常快乐，两个人都认为终于找到了自己的精神知己。可是男生总是希望女生到外面旅馆去过夜，女生没有同意，男生因此很不高兴，说女生并不是真心爱他。为此，两个人闹得非常不愉快。女生想不明白，问："难道爱他就一定要与他开房吗？他这样是真的爱我吗？"我想先请问大家：爱等于性吗？如果谈恋爱时没有发生性关系，就不算恋爱吗？

通常，女生容易出现这样一些性心理误区：第一是把"性"作

---

① 《庆"性"有你 | 2019—2020 年全国大学生性与生殖健康调查报告（中）》，2020 年 5 月 4 日，https://mp.weixin.qq.com/s/iy_ZV4dOpdzDDkMSRS1BZg，2024 年 5 月 30 日。

为衡量爱情的砝码，认为婚前性行为可使爱情关系升级；第二是感激男友的爱慕之情，担心拒绝其性要求会伤害对方的感情；第三是"以性锁情"，为了消除男友的担忧或为表示真诚而以身相许。由于两性心理的差异，女性在发生性行为后，容易出现定终身的想法，希望与对方走进婚姻，这使女性心理上的优势转化为劣势。**一个女生与男生发生性行为不一定能博得男生欢心，绝不能有"用性来交换爱"的想法，与男生发生性行为不一定能换来男生的真诚对待**，反而有可能被轻视或被男生觉得不自爱。特别是在没有足够情感基础的时候，为了满足男生所谓爱的需要而完成的性行为，往往会成为恋爱关系中的裂痕。

男生也会出现一些性心理误区：第一，有些男生认为谈恋爱就是为了满足性欲，不必那么计较，不用承担责任；第二是"以性锁情"，认为性关系能消除女友对自己的不放心，表示自己的真诚；第三是通过性行为满足占有欲，认为只有发生性关系，才能证明女友真的属于自己；第四是认为和女友发生了性关系，在朋友面前才有面子；第五是认为与较多女性发生性关系，能表示自己有能力、有魅力。这些性心理误区很容易让人把恋爱与性之间的关系搞混，会对女性造成心理或生理伤害，留下不确定的隐患。所以男生要懂得尊重女生，不能率性而为、随心所欲，要有责任感。

从实际的辅导情况来看，一些大学恋爱中的性行为，容易给双方带来巨大的心理压力，如：恐惧是否会被传染疾病、焦虑两个人的关系能否持续等。有的男生不懂性知识，对自己性能力产生怀疑以至于产生自卑情绪；有的女生焦虑发生性关系之后是否要私定终身，心理冲突加剧。

我个人认为，**性并不丑陋，并不是洪水猛兽，它是上天赐给我们促进彼此相爱的方式，也是影响我们人格健康的重要内容**。但是我并

不赞同过早地发生性关系，或把恋爱和性画上等号。爱的终点不应该只是性，更多的是心灵深处的情感链接。恋爱当中一定要两情相悦，彼此尊重，不要把性作为亵玩的方式，要思量是否有能力承担发生性关系的责任，要思考性行为是否真的有助于两个人之间爱的链接。

从医学角度看，和谐的性行为需要安全、私密、舒适的环境，而大学生的婚前性行为多数在隐蔽状态下进行，常伴着内心的恐惧、紧张、焦虑、担心，以及不洁感、不道德感、羞愧感和罪责感。这很容易引起性抑制和性焦虑，导致男性阳痿早泄和心因性性功能障碍；而女大学生因意外怀孕而被迫流产，所产生的生理疾病和心理问题也不容忽视。所以，我要提醒恋爱中的朋友们，一定要注意彼此保护，不要把爱与性强行纠缠在一起，**爱的终点不是性，是彼此珍惜！**

第四节

爱在差异中弥合

《摸鱼儿·雁丘词》（节选）

[金]元好问

问世间，情是何物，直教生死相许？天南地北双飞客，老翅几回寒暑。　　欢乐趣，离别苦，就中更有痴儿女。君应有语，渺万里层云，千山暮雪，只影向谁去？

——《元好问全集》三晋出版社 2015 年版

这首词道出了相爱的欢乐与相离的痛苦，爱情叫人生死相许，一些差异矛盾却让恋人们黯然神伤。这一节，我想通过一个恋爱辅导实例，跟大家分享一下如何解决恋人之间差异的问题，以助大家提升解决恋爱冲突的能力。

来访者是一位女生，她在各方面都很优秀，做过十二年的班长，我们叫她瑾璇。瑾璇在家里是独生女，深得宠爱；在学校学习成绩名列前茅，已经拿到了保研名额。她的男朋友却跟她有较大差异，从小父母离异，主要由爷爷奶奶抚养，从前学习成绩一般，在高三阶段发奋图强考上了较好的大学，保研资格也已经确定。在交流之初，我先跟瑾璇确认了如下几个问题的答案：

第一，根据你的判断，你觉得男朋友的品格怎样？

第二，你们的三观比较一致吗？还是你们频繁出现冲突？

第三，继续恋爱和终止恋爱关系到底哪个选择更好，你想清楚

了吗?

通过对这三个问题的交流,我基本了解了瑾璇男朋友的品行和两人的感情基础。两个人的感情纯真健康,而且双方也相互体谅和包容,都在寻求各自的成长,只是两人会在一些问题上卡住,解决不好,导致相处不太愉快,却又不知道真正的问题出在哪里。鉴于此,瑾璇向我咨询了几个令她困惑的问题,以下是我们的交谈记录:

瑾璇:老师,我跟他交往一年多了,我真不能理解,您说他一个大男生怎么那么需要表扬和认可?

(对于这个问题,我没有直接回答瑾璇,而是跟她一起追溯了男生的原生家庭。男生早年生活在缺爱的家庭中,在亲密关系中没有人欣赏他,没有人看到他的进步,没有人真正地用爱浇灌他。他希望建立自信,而他的自信不是通过向内肯定自我价值而确立的,而是通过外界的认可来塑造的。)

奶盐老师:瑾璇,恋爱关系是一种非常亲密的依恋关系,**爱的五种语言排名第一的是"肯定的言辞"**,恋人的肯定要比其他人的肯定更有价值和效果,有时候"爱人的赞美一句顶一万句"。中年的男性成功人士尚且需要妻子的赞美,何况你的男朋友?他是希望在与你的互动关系中更多地被认可和接纳,来树立亲密关系中的自信。

瑾璇:您说我为啥非要表扬他呢?有人建议我逼着自己表扬他,可是我总忘记!

奶盐老师:瑾璇,对行为的赞美是一种比较好的肯定方式。行为以下是态度,态度的深处是世界观、人生观和价值观。你表扬他不可敷衍了事,其实你是在帮他重塑三观、建立自信!**你既然爱他,你所做的就不是无益的事,而是在成全他,帮他健康地成长、重塑良好的亲密关系。**这对你来说意义非常重大,对他来说则是人生的修复重建。你是一个愿意成长和努力前进的孩子，我相信你会愿意这样做的。

瑾璇：老师，您说得太对了，我想知道他为啥朋友那么少呢？不像我都是朋友围着我转。

奶盐老师：瑾璇，因为差异，你们才彼此吸引，因为差异，你们也相互排斥。男朋友"独来独往、有个性"这些特质，起初成为你眼中亮丽的风景，可时间久了你发现他有不合群的一面。人和人的关系有时候就像刺猬间的关系，走得太近容易受伤，走得太远又要彼此惦记。这个男生在成长过程中都是自己解决问题、自己面对孤独的，他想依靠的人都靠不住，所以才会形成独立孤独的一面。一个人如果在丰富的爱中成长，就容易产生信任；糟糕的成长环境则会让人时刻警惕。他希望与人亲近，但是还把握不好这个尺度，怕被不理解而受到伤害。我相信你可以给他这种信任感。

瑾璇：老师，您说我俩吵架时我咋控制不住情绪呢？我脾气很火爆怎么办？

奶盐老师：瑾璇，你现在已经意识到要控制情绪，这是非常棒的。情绪是上天赐给我们的礼物，就像是汽车的传感器，可以让我们了解自己内心深层次的问题。在脾气最难控制的时候，你可以试试深呼吸，调整一下自己情绪的节奏。最好能把自己的愤怒讲出来，把自己的"引爆点"说出来。如果感觉要失控，可以考虑换个环境，离开当下经历的怒气。心理学上有个概念叫"延迟满足"，生气一时爽，后果悔半年，不要让情绪控制你，成熟的人会控制情绪。

当然，最主要的还是要调整自己的认知，拓宽自己的视角，在情绪激烈的时候问问自己到底需要什么，这个需要可否在不改变恋人的情况下得到满足。另外，可以换个角度想一想，这件事如果放在多年后还有意义计较吗？目前的愤怒是发泄出来更好，还是先化解更好

呢？是先吵一架更好，还是先战胜负面情绪更好呢？

瑾璇：老师，我和男朋友吵架，都是我主动和好，他一个大男生怎么不能主动点呢？

奶盐老师：瑾璇，主动和好并不意味着吃亏，不主动也不代表占了便宜。通常来说，主动提出和好的一方往往是更容易自我修复，在感情上更能够放下个人计较而掌控大局的。你的男朋友很可能还在情绪中挣扎，而你已经"跳"出了情绪。那不妨"让子弹飞一会儿"，给他一个自我接纳的空间。如果你们的目标是"同心协力向前看"，那么何必在意是谁先主动示好呢？

瑾璇：老师，还有一个问题，我帮他做了很多事，他也不感谢我，我觉得他有时候就像个"白眼狼"！

奶盐老师：瑾璇，你帮他做过哪些事呢？

瑾璇：我帮他修改论文、翻译稿件，让他获得了奖励和荣誉，可他却连一句感谢我的话都没有，好像是说："没有你我也可以做到！"

奶盐老师：原来如此，瑾璇，那我问你，你的男朋友帮过你吗？

瑾璇：帮过的！虽然他不如我做的多，但是我的火爆脾气上来的时候，都是他帮我冷静下来的，他还是挺包容我的。

奶盐老师：那你会感谢他吗？

瑾璇：有时候会吧，但是这种事不用总挂在嘴边吧。我从小就缺乏表扬，我也不习惯总表扬别人。

奶盐老师：瑾璇，在爱情里每个人都想要恋人满足自己的需要，一旦被忽视就会有抱怨。同时，人们往往会从自我出发，认为对方必须接受自己爱的方式，结果导致被爱的一方接收不到爱，很痛苦，付出爱的一方也很委屈，觉得自己做了那么多却得不到回应。还记得我讲的"爱的五种语言"吗？爱一个人的语言是需要学习和修炼的。另外，我想问你，是老师看到你们恋爱中的问题主动来帮你解决更有效果，还是你自己需要咨询来找我更有效果呢？

瑾璇：当然是我主动找您更有效果！

奶盐老师：那你有没有感觉到你们之间的关系，有点像有些妈妈和孩子的互动？孩子不太想要，而妈妈总是单方地付出，这使孩子背上了情感包袱，于是孩子有了逆反心理，把爱当成了廉价品。爱要恰到好处，需要一定的策略和方法。

瑾璇：嗯，好的，老师我明白了！

奶盐老师：另外，你不能让你对男朋友的帮助成为一种压力或者批判，我在你的言辞中感觉到了你则男朋友的怀疑或者说一定程度的鄙视。中国有句古话叫"不受嗟来之食"，如果你居高临下地帮助他，就会伤害他的自尊，使他不愿意接受你的帮助，甚至对你产生反感。

艾·弗洛姆曾说："爱情首先是给而不是得……天真的、孩童式的爱情遵循下列原则：'我爱，因为我被人爱。'成熟的爱的原则是：'我被人爱，因为我爱人。'"[①]瑾璇，我看到了你对男朋友充盈的爱，但是爱也需要方法和策略，你们还要不断学习和成长。在你的话语中，我感觉到了你男朋友对你的贴心和关爱，他一定是一位"暖男"，你们要且行且珍惜，这是一段宝贵的经历，祝福你们！

---

① ［美］艾·弗洛姆：《爱的艺术》，李健鸣译，上海译文出版社 2008 年版，第 20、38 页。

第五节

找对象真的有标准吗

《诗经·关雎》（节选）

[先秦] 无名氏

关关雎鸠，在河之洲。窈窕淑女，君子好逑。

参差荇菜，左右流之。窈窕淑女，寤寐求之。

求之不得，寤寐思服。悠哉悠哉，辗转反侧。

——《诗经注析》中华书局 1991 年版

雎鸠关关和鸣，相伴在河中的小洲，古人的浪漫体验一点不比现代人少。男欢女爱是人世常态。古之君子也会为追求窈窕淑女而辗转反侧。那么，找对象真的有标准吗？我可以肯定地回复：有！

有一篇网文叫《选择什么样的伴侣，就选择了什么样的人生》，其中写道："两个人成为伴侣意味着共同经营一段重叠的人生，对方走的每一步同样会在你的人生道路上留下深深的脚印。虽然人们总说命运掌握在自己手中，然而大多数人终究是挡不住枕边人的影响。"①

而更为重要的是，伴侣的性格、价值观、行为方式、生活习惯都潜移默化地改变着你。《长恨歌》中写道："天长地久有时尽，此恨绵绵无绝期。"亲密关系不止影响几个月或几年，也有可能影响几代人。

---

① 《选择什么样的伴侣，就选择了什么样的人生》，2016 年 11 月 25 日，http:// www.360doc.com/content/16/1125/21/30562214_609531182.shtml，2024 年 5 月 30 日。

一、要仔细观察对方的原生家庭

有人说，谈恋爱是两个人的事，跟父母没关系，跟家庭没关系——这是被荷尔蒙冲昏了头脑的想法。就算没到谈婚论嫁这一步，依然要关注恋人的原生家庭，这样起码可以搞清楚两个人的许多差异从何而来。大部分的心理学流派都是以探究原生家庭为基础的。中国的家文化源远流长，《论语》中提道："其为人也孝弟，而好犯上者，鲜矣。"孝义传家的家庭一般都有道德底线，不会做太坏的事。古语说"三岁看八十""老了英雄儿好汉""积善之家必有余庆"，这些都强调了原生家庭的重大影响。除非能够长期地自我觉察和努力改变，才有可能消除原生家庭的一些负面影响。

从我心理辅导的经验来看，大部分实施家暴的人，是在暴力家庭中长大的；从小父母离婚的孩子，成年后离婚的概率也比较高。一个家庭的氛围，以及家庭成员的视野、阅历、性格等，往往对一个人的人生走向有重大影响。

当你爱上一个人，请先摘下多巴胺的滤镜，去对方的家里看看，观察对方的家庭生活状况，以及其家庭成员的冲突处理方式、沟通表达方式。网文《结婚，一定要看看家境》写道："**看家境，不是看他家是否有钱有势，而是看他家人的为人处世、生活方式和家庭氛围，因为这些与他的人生密不可分，与你的生活将有关联**……父母的生财之道决定他的挣钱能力……父母的相处方式感染他的侍妻之道……父母的处世之道影响他的人品性格……父母的家庭氛围决定他的生活方式。"① 如果这一切都让你觉得比较舒服，那么再考虑谈婚论嫁。

---

① 卡娃微卡公号：《夜读 | 结婚，一定要看看家境》，2017 年 2 月 17 日，https://static.nfapp.southcn.com/content/201702/17/c287672.html，2024 年 5 月 30 日。

二、要仔细观察对方的人性底色

看一个人的人性善恶，通常要看看他的人际关系怎样，看他是否具有恩慈的心。我觉得要"四看"。

第一，看他怎么对待别人。他怎么对待朋友，怎么对待自己的父母家人，怎么对待弱势群体，怎么对待位高权重的人。

第二，看他是否明白事理。他是否有自己的独立判断？他也许表面上是一个善良的人，但其实是一个"老好人"，他可能在一味地讨好人，不会拒绝，分不清对错，做事极端，有时候被人挑唆就被利用了。他有没有自己的处事原则，看问题是否通透？如果他是"妈宝"或者"爸宝"，没有自己的独立思维，**一旦你与他的家庭成员有分歧，他不能理性分析，而是一味地针对你，就会让你很痛苦**。

第三，看他是否愿意承担责任。在遇到困难时，他是"甩锅"还是勇敢承担责任？两人各司其职、各尽其责，才能把恋爱、婚姻、家庭发展好。

第四，看对方有没有上进心，是否愿意成长。网上有一个讨论，问女性：如果有一个男人每年赚十万元，给你十万元，还有一个男人每年赚一百万元，给你十万元，你会选择哪一个？很多女性都选了后者。有人解释：这是因为每年赚一百万元的那个人可能会更有上进心、更加努力、更有能力。这个网络讨论虽然不具有代表性，但是网友所提及的上进心在亲密关系的发展中很重要。恋爱、婚姻、家庭都要在彼此的成长中得到滋养，否则就会危机重重。

三、要观察对方的情绪控制能力和沟通能力

现在很流行"情绪价值"这个概念，大家动不动就说，谈恋爱要看对方能不能提供情绪价值。但能很好地提供情绪价值的人可能是伪

装的，他是为了讨好你而变得顺从。情绪控制能力是指人在处理问题时的情绪表达、情绪疏导能力。有的人一冲动就用酒瓶砸自己，有的人吵完架就开车去撞墙，有的人整天都不开心，有的人无论遇见什么事情都焦虑烦躁……这样的人没有很好的情绪控制能力，他们的情绪会传染给别人，也会成为人际关系冲突的助燃剂。

沟通能力包括表达能力和倾听能力。一个好的爱人一定是一个好的倾听者。为人做心理疏导的一个重要方法就是倾听对方。恋人应该是彼此最好的朋友，当你把诸如伤心、难过、自卑、恐惧、羞耻、内疚这些心理体验讲给恋人听时，对方是如何反应的？对方是能够见招拆招还是顾不耐烦？是能够共情换位，还是对你指责批判？这些反应都能够体现对方的沟通能力。

诺贝尔文学奖得主萧伯纳说："此时此刻在地球上，约有两万人适合当你的人生伴侣，就看你先遇到哪一个……但是，若你跟前一个人没有培养出深层关系，感情就容易动摇、变心，直到你与这些理想伴侣候选人的其中一位拥有稳固的深情，才是幸福的开始，漂泊的结束。"① 不要以为你现在选择的人就是独一无二的对象，只有你自己心中塑造出来的情人才是举世无双的！

以上所写的几个方面不是绝对的标准，而是找恋爱对象时须要注意的事项。每个人都不是一成不变的，都有成长的机会。林语堂说："所有的婚姻，任凭怎么安排，都是赌博，都是茫茫大海上的冒险。"② **我的个人信念是：我相信婚姻里有希望，我相信婚姻里两个人可以彼此相爱！** 并不是找到一个"好人"就可以一劳永逸，幸福的爱情一定是两个人一起经营的结果。没有最好的伴侣，只有最美的心灵成长。

---

① ［爱尔兰］萧伯纳、［英］爱兰·黛丽：《纸上的爱：萧伯纳与爱兰·黛丽书信集》，张定浩编，黄嘉德译，上海文艺出版社 2016 年版，第 11 页。
② 林语堂：《苏东坡传》，湖南文艺出版社 2018 年版，第 34 页。

第六节

爱自己是终身浪漫的开始

《定风波·莫听穿林打叶声》

[宋] 苏轼

莫听穿林打叶声，何妨吟啸且徐行。竹杖芒鞋轻胜马，谁怕？一蓑烟雨任平生。　料峭春风吹酒醒，微冷，山头斜照却相迎。回首向来萧洒处，归去，也无风雨也无晴。

——《东坡词编年笺证》三秦出版社 1998 年版

这首词我非常喜欢，爱情要坦然地经历，淡然地对待。冰心说："爱在右，同情在左，走在生命路的两旁，随时撒种，随时开花，将这一径长途，点缀得香花弥漫，使穿枝拂叶的行人，踏着荆棘，不觉痛苦，有泪可落，也不是悲凉。"[1] 对于爱情，有多少少年"不识愁滋味"，又有多少人"识尽愁滋味，欲说还休"？古往今来，有无数歌颂爱情的诗篇，也有无数为情所伤的文章，"青青子衿，悠悠我心；但为君故，沉吟至今"。在这一节，我向读者送上最后的叮咛。

一、在恋爱中学会珍惜与感恩

生活中，我们常常拥有很多却不自知。锦瑟年华时的恋爱美好且纯真，电影《左耳》中有句台词："爱对了是爱情，爱错了是青春。"

---

① 冰心：《通讯十九》，《寄小读者》，山东文艺出版社 2021 年版，第 96 页。

青春如此美好，请珍惜你遇见的有缘人。中国青年网校园通讯社对全国 1030 名大学生进行问卷调查。在被问及"大学生选择恋爱对象时看中的因素"时，有 92.61% 的大学生选择了"性格"，有 87.93% 的大学生选择了"人品"，而选择"经济条件""家庭背景"的大学生都仅占了 20% 左右。[①] 这给我一种感觉，其实大学生选择恋爱对象时并不功利，更看重的是性格和人品，这跟进入社会后的人选择恋爱对象的标准具有一定差异。所以大家要珍惜大学中这份单纯而朴素的爱情，也许在这段恋情中，你占据着主动权，但是不要因此洋洋自得。当你走出大学校园的那一刻，你可能不容易再遇见这种宝贵、真挚的情感了。

在心理辅导时，有来访者跟我分享了主动表白却被拒绝的经历。对此我要说，不喜欢一个人、不接受他人的告白是很正常的，不过拒绝别人也要留有一定的余地，给别人保留一定的脸面。有一个男生在大二时主动追求一个女生，这个女生也同意了，两个人度过了一段短暂的恋爱时光。但是当这个男生的初恋女友来找他时，他又放弃了大二时追的女朋友，同时采取了非常不明智的做法，就是直接躲起来再也不去见大二时追的女朋友，也没有做解释，结果深深地伤害了她，导致她失去了对恋爱的信心，需要心理辅导才能走出阴影。这是一个处理恋爱关系的典型失败案例。**若不爱请不要伤害，青涩的恋情所演绎出的最单纯的美好是人生最深刻的印记。**

《向前一步》的作者谢丽尔·桑德伯格的故事触动人心。桑德伯格毕业于哈佛大学，曾任美国前总统克林顿政府财政部部长办公厅主任。桑德伯格加盟 Facebook 三年后，网站员工人数从 130 人增加到

---

① 李华锡：《大学生初恋调查：近 7 成中学开始初恋 近 8 成已与初恋分手》，2019 年 8 月 7 日，https://baijiahao.baidu.com/s?id=1641191022787236785&wfr=spider&for=pc，2024 年 5 月 30 日。

2500 人，全球范围内用户数量从 7000 万人增长到 7 亿人，她被媒体称为"Facebook 的第一夫人"。她的丈夫也非常优秀，曾是雅虎副总裁，就连扎克伯格都曾评价他是"一个了不起的人"，两个人非常相爱。在外人看来，这是一对神仙眷侣、人生赢家，他们的事业、爱情双丰收。

在伯克利大学的演讲中，桑德伯格讲到丈夫突然去世的过程，令人唏嘘不已。桑德伯格跟丈夫去墨西哥参加朋友的生日聚会，在她午睡时，丈夫去运动，结果猝死在体育馆的地板上，年仅 47 岁。这个打击实在太大，以致桑德伯格几年都走不出心灵低谷，她独自面对死讯，眼睁睁地看着丈夫的棺材没入泥土，还要去安慰孩子们。

开学时，孩子们要去参加棒球比赛，桑德伯格的第一反应是丈夫可以陪伴孩子们，但转瞬她就想到丈夫已经去世了。最好的"A 选项"已经没有了，只好选择糟糕的"B 选项"。经历痛苦煎熬之后，为了帮助更多的人，桑德伯格把自己的心路历程和接受心理辅导的过程整理成一本书，叫作《另一种选择》，推荐大家读一读。她写道："创伤后的成长会以五种形式存在：发现个人的力量，学会感恩，建立更深层次的关系，找到更多的人生意义，以及发现新生活的可能性。"[1] 在谈到感恩时，她这样写道："我们不必等到特别的场合才去感恩。在我特别喜欢的一项研究中，研究人员要求受试者给向自己表达了善意的人写感谢卡，结果证明，收到卡片的人很开心，送出卡片的人的抑郁程度也显著降低，而且对于感恩的回味伴随着他们长达一个月……我认识到了它的原理：当我感谢朋友和家人时，悲伤自然被置之脑

---

① ［美］谢丽尔·桑德伯格、亚当·格兰特：《另一种选择》，田蓝、乐怡译，中信出版集团 2017 年版，第 71 页。

后了。"①

歌曲《后来》唱道："后来，我总算学会了如何去爱／可惜你早已远去消失在人海／后来，终于在眼泪中明白／有些人一旦错过就不再。"感恩能让我们看到事物光明的一面，珍惜能让我们发现原来自己拥有很多东西。在恋爱中"且行且珍惜"，可以为恋爱赋能，让彼此接纳包容，"道阻且长，行则将至；行而不辍，未来可期"。

二、发展健康的自我，学会珍爱自己

在恋爱中一定要学会自我成长，要发展健康的自我，珍爱自己。爱情就像两个人一起登山，一开始是两个人携手攀登。当攀爬到半山腰时，如果一个人选择停滞不前，而另一个人却直冲顶峰，那么两个人势必会产生巨大的差距。登顶的人发现"无限风光在险峰"，而山腰上的那个人已经与他遥不可及，这样的爱情是不容易有结果的。

爱情也像两个人在暗室中跳双人舞。双人舞需要一个人引导，另一个人跟随，比如男士要给出引导信号，女士要跟随做出相匹配的舞蹈动作，但是在暗室里根本没法辨别彼此的动作和表情，极有可能踩到对方的脚，或者一起撞到墙上，这个时候就需要极强的默契才能保证这支舞蹈的协调和愉悦。这需要反复的练习和成长才能做到。

鲁迅在《伤逝》中写道："爱情必须时时更新，生长，创造。"爱情之花需要相爱的两个人的精心培植——彼此关心、谅解、帮助、尊重，共同承担家务以及生活中可能出现的一切艰难，这样它才能光彩夺目，永不凋谢。

我特别佩服一位女士。廖智女士在 2008 年的汶川地震中经历了多重的伤痛。她和女儿、婆婆同时被埋在了地下，当时她的腿失去了

---

① ［美］谢丽尔·桑德伯格、亚当·格兰特：《另一种选择》，田蓝、乐怡译，中信出版集团 2017 年版，第 76—77 页。

知觉，她亲耳听到女儿的声音却不能触摸到她。女儿和婆婆就在她的身边失去了呼吸，当时她几乎万念俱灰，若不是她父亲不放弃寻找她，她已经在地下随女儿而去了。从被埋的地下转入医院后，廖智很快就接受了医生截肢的建议，而她其实是一名舞蹈老师，截去双腿意味着舞蹈生涯的结束。随着丧女之痛、断腿之痛而来的是破碎的婚姻，丈夫的出轨和离婚的艰难也让她痛尝人生百味。①

这些人生的低谷似乎会将一个人的生命推向最惨淡的境地，然而廖智却凭借坚定的信念和对未来的盼望站起来了。她先是在赈灾晚会上用极大的努力忍着疼痛跳了一支激励人心的《鼓舞》，人们称她为"励志女神""最美舞者"。之后她在心灵上也站了起来，"你若盛开，蝴蝶自来"，廖智的爱情也迎来新的转机。她需要一双舒适、有力的假腿，而就是在购买、使用假肢的过程中，廖智认识了一位"海归"高才生，也就是她后来的丈夫，他恰好从事假肢方面的工作。最后两个人喜结连理，在婚礼现场，丈夫为廖智戴上了自己研发的假肢，这一幕非常感人。现在他们也生活得非常幸福。

我们在这个故事中可以发现，廖智的生命光芒一直在闪耀。之后，她勇敢坚定，参加马拉松、学习游泳，甚至假肢都不做成肉色而以钢腿的真面目示人。她的内心非常自信笃定，这样强大的自信和闪耀的人格，也让她吸引到了最美好的爱情。

朋友们，**只有独立的人格、不断发展的能力才是你所拥有的最大的吸引力**。诗人舒婷在《致橡树》中写道："绝不像攀缘的凌霄花……我们分担寒潮、风雷、霹雳；我们共享雾霭、流岚、虹霓；仿佛永远分离，却又终身相依。这才是伟大的爱情……"②独立自强者最有魅

① 廖智：《廖智：感谢生命的美意——无腿舞者激励心灵的勇气之书》，湖南文艺出版社 2013 年版，第 1—100 页。
② 舒婷：《致橡树》，《舒婷诗》，长江文艺出版社 2021 年版，第 98 页。

力。我们不能停留在各种伤痛中止步不前，如尼采所说："凡不能毁灭我的，将使我更强大。"每一次跌倒的伤痛都会使我们的翅膀更加坚硬。只有爱自己、接纳自己、保护自己、体贴自己，才是终身浪漫的开始。

电影《侧耳倾听》里有一段话："因为你，我愿意成为一个更好的人，不想成为你的包袱，因此发奋努力，只是为了想要证明我足以与你相配。"最好的爱情，源于彼此成就、相互成长。杨绛女士写道："男女结合最最重要的是感情，双方互相理解的程度，理解深才能互相欣赏吸引、支持和鼓励，两情相悦。"[1]真爱向来美好，如果你在爱情里受了伤，那一定是爱情出了问题，要学会及时止损，相信一定会有良缘在前方等你。"修身——锻炼自身，是做人最根本的要求……但是天生的人，善恶杂糅，还需锻炼出纯正的品色来，才有价值。"[2]**先自我成长，锻造自己，再自如地爱人，爱神自会降临。**

---

① 杨绛：《杨绛全集》散文卷 4，人民文学出版社 2014 年版，第 345 页。
② 杨绛：《杨绛全集》散文卷 4，人民文学出版社 2014 年版，第 255 页。

推荐阅读

1. ［美］大卫·欧森、艾米·欧森－西格、彼得·拉森，李耀全：《爱情 X 光：伴侣关系测试》，胡心吾译，中国轻工业出版社 2009 年版。

推荐理由：你想过给爱情做个体检吗？这本书就是让读者从沟通、冲突、财务、亲密感等各个方面对爱情做一个检视。整本书是通过严谨的实验观测得出的结论，具有指导性和借鉴性，有趣味也有深度！

2. ［美］苏珊·海特乐著，黄维仁改写：《爱就是彼此珍惜：缔造幸福婚姻的秘诀》，李淑烟译，江西人民出版社 2010 年版。

推荐理由：初看这本书时，我正处在情感困惑期，不懂为何相爱容易，相处却如此困难。拿起这本书我就手不释卷。原来男女的差异是如此之大，伴侣间的倾听和对话也有秘诀，争吵也可以做到双赢……看完此书，我只觉得如梦初醒，也萌生了"爱是需要学习的"的想法。这是一本关于爱情的启蒙之书！

3. ［奥］阿尔弗雷德·阿德勒：《自卑与超越》，王晋华、黄永华译，中国妇女出版社 2017 年版。

推荐理由：阿德勒的书是思想宝库。从家庭系统排列到学校教育，从原生家庭到爱情婚姻，他的书均有涉及，且笔触深刻，鞭辟入里。反复咀嚼，回味无穷。你会在书中读到自己的人生和对未来的把握。一个全整的自我才懂得如何爱与被爱。

后 记

这本书能够出版，要特别感谢我的太太和两个女儿，是她们一直支持我，并给我灵感，也让我倍加珍惜现在所拥有的家庭。不知不觉中，我和太太已经走过了十年婚姻，一起经历过生活的高峰与低谷，时刻相伴，相濡以沫，而婚姻的幸福喜乐与日俱增。

一切美好皆来之不易。没有哪一段恋情不需要付出心力，也没有哪一段婚姻可以一路高歌。但只要你足够重视婚姻与爱情，美好就会倍增。

在婚姻中，在本书的撰写过程中，我时常深思，有三个想法愿与大家分享。

关于爱情：人间至味是清欢，陪伴是最长情的告白。最浪漫的事是与所爱之人一同看风景。再平凡的景色，与所爱之人一起分享，也会变得格外美丽。

关于婚姻：婚姻是彼此付出，彼此包容，彼此忍耐。婚姻可以让人感受到最美好的人间，也可以让人感受到炙热的炼狱。只要两个人都愿意奋不顾身地主动去爱，婚姻就会被爱填满，家庭就会格外吸引人。

关于家庭：家庭永远值得去投资。人的一生中有很多投资选项，有的投资会成功，有的投资会失败。只要通过学习，正确地向家庭关系投资，学会善待另一半和孩子，那么这项投资就永远不会亏本。

亲爱的朋友们，愿你们拥有美好的家庭、成长的自我和健康的心灵！让我们一路同行！